河北省社会科学基金项目"利益相关者视域下的公办职业技术大学内部治理
（HB21GL037）基金资助

河北省教育科学"十四五"规划重点项目"高质量发展视域下职业本科教育
探索与理论研究"（2302001）基金资助

职业本科院校
适应性治理的研究与实践

ZHIYE BENKE YUANXIAO SHIYINGXING ZHILI DE YANJIU YU SHIJIAN

刘彩琴　鲍东杰　雷前虎　燕 艳◎著

河海大学出版社
HOHAI UNIVERSITY PRESS
·南京·

图书在版编目(CIP)数据

职业本科院校适应性治理的研究与实践 / 刘彩琴等著. -- 南京：河海大学出版社，2024.7. -- ISBN 978-7-5630-9210-9

Ⅰ. G718.5

中国国家版本馆 CIP 数据核字第 20241R7H17 号

书　　名	职业本科院校适应性治理的研究与实践
书　　号	ISBN 978-7-5630-9210-9
责任编辑	高晓珍
特约校对	曹　丽
封面设计	徐娟娟
出版发行	河海大学出版社
地　　址	南京市西康路1号(邮编:210098)
电　　话	(025)83737852(总编室)　(025)83722833(营销部)
经　　销	江苏省新华发行集团有限公司
排　　版	南京布克文化发展有限公司
印　　刷	广东虎彩云印刷有限公司
开　　本	710毫米×1000毫米　1/16
印　　张	11.25
字　　数	188千字
版　　次	2024年7月第1版
印　　次	2024年7月第1次印刷
定　　价	68.00元

前言

治理现代化是新时代党中央治国理政的重要战略部署,党的十八大以来,党中央先后提出坚定不移贯彻"创新、协调、绿色、开放、共享"的新发展理念,"推进国家治理体系和治理能力现代化"。《中国教育现代化2035》提出要完善学校治理结构,建立健全社会参与机制,"推进教育治理体系和治理能力现代化"。当前,国家不断优化职业教育类型定位,稳步发展职业本科教育,截至目前全国范围内正式设置职业技术大学35所,形成了一定规模的职业本科教育类型群体。然而,职业本科院校治理的参与主体与普通本科高校不尽相同,办学层次又区别于高职高专院校,因此构建符合其自身特征的现代化治理体系机制是职业本科院校高质量发展的首要任务。

在此背景下,2021年河北科技工程职业技术大学(前身之一为邢台职业技术学院)获得国家批准成立,成为河北省首批职业本科院校开展本科层次职业教育试点学校。在新的发展阶段,如何提升职业本科院校治理能力,推进学校高质量发展成了摆在我们面前的重要难题。为此,我们积极加强职业本科院校治理能力理论研究和实践探索,申报获批河北省社会科学基金项目《利益相关者视域下的公办职业技术大学内部治理现代化研究》(课题编号:HB21GL037),结项鉴定结果为"优秀"。在实践探索过程中,河北科技工程职业技术大学先后入选2022年高等职业教育院校治理体系典型院校,探索案例《完善现代大学治理体系,推进治理能力现代化》入选《中国高职院校治理现代化报告(2022)》,荣获第八届黄炎培职业教育奖"杰出校长奖"。

本书作为河北省社科基金资助项目研究成果,遵循理论分析、理论预设、实践检验、实践应用的研究思路,从加强国家教育治理的战略意义出发,综合运用理论研究＋实践研究相结合的方法,聚焦职业本科院校治理难题,综合考量职业本科学术性、职业性和高等性等办学特征,提出新建职业本科院校适应性治理模式的现代转型新方向,并分别从治理体系、治理结构、治理文化、个案实践等不同方面展开理论与实践探索,希望能够为我国新建职业本科院校完善现代化治理体系提供思路。

  本书由刘彩琴、鲍东杰、雷前虎、燕艳合著,刘彩琴负责框架编制、统筹写作并编写前言、第三章、第八章、第十章;鲍东杰负责统稿并编写第一章、第二章、第五章,进行参考文献汇编;雷前虎编写第四章、第七章、第九章;燕艳编写第六章。

  本书在撰写过程中,积极借鉴国内外理论,参阅了有关著作和论文,吸收了多方面的研究成果,同时魏伟、吕婷、曹新锋、郑煜煊、马烁、刘兴等同志参与了书稿部分内容的撰写和修正工作,并提供了大量高质量的意见及建议,在此一并致谢!

  本书编写过程历时一年半,编者为此付出了极大的心血和努力,但限于编者自身水平有限,以及对职业本科院校适应性治理的研究与实践也仍处在不断探索的过程中,不可避免地会有不足之处,敬请专家和广大读者批评指正。

编者

2024 年 4 月

目录

第一章 职业本科院校适应性治理体系发展方向 ……… 001

一、职业本科院校适应性治理体系的内涵、特征和方向 ……… 003
(一) 职业本科院校治理体系的内涵 ……… 003
(二) 职业本科院校治理体系现代化的特征 ……… 004
(三) 适应性治理：一种新的教育治理方向 ……… 006

二、职业本科院校构建现代化治理体系面临的问题和挑战 ……… 007
(一) 职业本科作为新兴事物，历史积淀不足 ……… 007
(二) 职业本科科研定位不清晰，高等性特征难以凸显 ……… 008
(三) 治理决策缺乏科学管理理念指导 ……… 008
(四) 职业本科办学规范欠缺，学术漂移可能性增大 ……… 009

三、职业本科院校适应性治理体系构建方向 ……… 010
(一) 适应党的领导新举措，履行职业本科使命担当 ……… 010
(二) 适应人才培养新要求，推动职业本科类型化发展 ……… 011
(三) 适应科学研究新形态，凸显职业本科高等性内涵 ……… 011
(四) 适应产教融合新内涵，推动职业本科深度融入区域 ……… 012

四、职业本科院校适应性治理体系的实施路径 ……… 012
(一) 树立职业本科现代化治理理念，保障科学决策 ……… 013
(二) 优化多元相关利益主体治理结构，形成治理合力 ……… 014
(三) 健全职业本科院校治理制度体系，规范治理行为 ……… 015
(四) 打造职业本科院校特色治理文化，强化治理效能 ……… 017

第二章　职业本科院校的多元治理结构构建 …… 019
一、优化职业本科院校治理结构,激发办学活力 …… 020
二、完善职业本科院校治理制度,推进依法依规治校 …… 021
三、创新职业本科院校治理路径,探索多元共治 …… 021
四、数字化治理推进内部质量保证体系构建 …… 021
　　(一)体系架构融入"深向五链环",三向架梁立柱 …… 022
　　(二)体系运行落地"11211"计划,六维筑基垒台 …… 023

第三章　知识论视角下职业本科人才培养定位探析 …… 027
一、智能时代的技术知识生态图景 …… 029
　　(一)技术知识边界模糊化 …… 029
　　(二)技术知识精细化 …… 029
　　(三)技术知识综合化 …… 030
二、职业本科人才培养定位的内在逻辑 …… 031
　　(一)职业本科人才培养类型:工程型人才 …… 031
　　(二)职业本科人才培养目标:复合型人才 …… 031
　　(三)职业本科人才培养层次:高层次人才 …… 032
　　(四)职业本科人才培养规格:规模适中 …… 032
三、职业本科人才培养的变革路径 …… 033
　　(一)变革教育理念,将"全人"理念贯穿职业本科人才培养全过程
　　　　…… 033
　　(二)变革教学体系,以数字化知识推动职业本科学科建设
　　　　…… 034
　　(三)变革课程知识,以复杂性知识为核心构建职业本科课程体系
　　　　…… 035

第四章　职业本科院校教师发展体系构建 …… 037
一、职业本科院校教师发展的时代背景 …… 038
　　(一)完善现代职业教育体系的迫切需要 …… 038

（二）满足高层次人才培养的内在驱动 ············· 039
　　（三）教师发展内涵提升的方向引领 ············· 040
二、职业本科院校教师发展面临的现实困境 ············· 040
　　（一）教师发展缺乏系统设计 ················· 040
　　（二）教师教学实践能力不足 ················· 041
　　（三）教师科研创新能力欠缺 ················· 041
三、职业本科院校教师发展的体系构建 ··············· 042
　　（一）新手生存期 ······················· 042
　　（二）熟手发展期 ······················· 043
　　（三）能手带头期 ······················· 044
　　（四）高手分享期 ······················· 044

第五章　职业本科专业教材建设的理论建构与实践探索 ······· 047

一、当前职业本科专业教材建设存在的问题及缘由 ········· 049
　　（一）当前职业本科专业教材建设存在的问题 ········· 049
　　（二）当前职业本科专业教材建设存在问题的缘由 ······· 051
二、职业本科专业教材的理论建构 ················· 053
　　（一）坚持能力本位，由职业知识转向技术知识 ········ 054
　　（二）坚持实践导向，由直线式静态教材治理转向圆周式动态治理
　　　　 ······························· 055
　　（三）坚持协同创新，由编用分离转向编审发行全过程多主体统筹推进
　　　　 ······························· 056
三、职业本科专业教材建设的实践探索 ··············· 057
　　（一）依托培养方案和课程开展教材研究，解决教材的职业适切性问题
　　　　 ······························· 057
　　（二）聚焦职业本科的专业特性，解决教材的知识独创性问题 ······ 059
　　（三）创新专业教材配套管理制度，解决教材的主体适应性问题
　　　　 ······························· 060

第六章　职业本科公共课程信息化资源利用的调研分析 ………… 063
一、引言 …………………………………………………………… 064
（一）研究背景 ………………………………………………… 064
（二）问题陈述 ………………………………………………… 066
（三）研究目的 ………………………………………………… 066
二、研究方法 ……………………………………………………… 067
（一）研究设计 ………………………………………………… 067
（二）总体和样本 ……………………………………………… 067
（三）统计学工具 ……………………………………………… 071
（四）数据验证分析 …………………………………………… 073
（五）研究方法和程序 ………………………………………… 076
（六）研究工具及仪器 ………………………………………… 077
三、调查数据的呈现、分析和解释 …………………………… 078
（一）师生对职业本科公共课程现有信息化资源利用现状的认知
　　　……………………………………………………………… 078
（二）两组受访者对职业本科公共课程信息化资源利用水平的评价
　　　……………………………………………………………… 085
（三）按个人资料变量对学生进行分组时，职业本科公共课程资源利用
　　　水平的显著差异检验 ………………………………………… 091
（四）当教师受访者根据其个人资料变量分组时，信息化资源利用水平
　　　的显著差异测试 ……………………………………………… 096
（五）结论 ……………………………………………………… 102
（六）建议 ……………………………………………………… 103

第七章　职业本科院校"中文＋职业技能"教育输出体系探索 ……… 115
一、"中文＋职业技能"教育的发展历程 ………………………… 117
二、职业本科院校"走出去"体系特点 …………………………… 117
三、职业本科院校实施"中文＋职业技能"教育体系探索 ……… 119

（一）实施"中文＋职业技能"教育的意义 …………………… 119
　　（二）实施"中文＋职业技能"教育的挑战 …………………… 120
　　（三）实施"中文＋职业技能"教育的路径 …………………… 122

第八章　职业本科院校育人文化体系构建 ………………………… 125
一、职业本科育人文化的内涵辨析 …………………………………… 127
　　（一）本科教育育人文化的共性 ………………………………… 127
　　（二）职业本科育人文化的特性 ………………………………… 129
二、职业本科育人文化的逻辑向度 …………………………………… 130
　　（一）精神文化向度：思想品德与工匠精神 …………………… 130
　　（二）技术文化向度：科技素养与研用能力 …………………… 131
　　（三）职业文化向度：职业素质与职业忠诚 …………………… 131
　　（四）创新文化向度：创新意识与革新能力培育 ……………… 131
　　（五）地域文化向度：本土意识与服务意识 …………………… 132
三、"四元融合，五化同步"职业本科育人文化体系的构建 ………… 132
　　（一）精神文化体系建设 ………………………………………… 133
　　（二）技术文化体系建设 ………………………………………… 133
　　（三）职业文化体系建设 ………………………………………… 134
　　（四）创新文化体系建设 ………………………………………… 134
　　（五）地域文化体系建设 ………………………………………… 135

第九章　面向未来的职业本科教育博雅取向 ……………………… 137
一、博雅教育的历史考究 ……………………………………………… 138
　　（一）古代博雅教育的缘起 ……………………………………… 139
　　（二）现代博雅教育的演变 ……………………………………… 140
　　（三）职业教育博雅取向的价值回归 …………………………… 141
二、博雅教育与职业教育的渊源 ……………………………………… 141
　　（一）"博雅教育"与"职业教育"的对峙起因 ………………… 141

（二）"博雅主导"与"职业主导"的办学博弈 …………… 142
　　（三）"博雅教育"与"职业教育"的调和基点 …………… 143
三、职业本科教育博雅取向的内涵定义 ………………………… 144
　　（一）职业本科教育博雅取向的"回归"之道 …………… 145
　　（二）推进职业教育高质量发展的内生力之源 …………… 145
　　（三）构建现代职业教育体系的应然之义 ………………… 146
　　（四）破除职业教育培养"操手"的观念之固 …………… 147
四、职业本科教育博雅取向的路径思考 ………………………… 148
　　（一）溯本清源：消除"自由"与"职业"的二元对立 …… 148
　　（二）制度建构：呼唤"人性"与"理性"的协调发展 …… 148
　　（三）重塑理念：培养"博雅"与"专技"的复合人才 …… 149
　　（四）实践落地：采取"手段"与"课程"的双向结合 …… 150

第十章　河北科技工程职业技术大学治理个案探索 ………… 151
一、加强党的建设，树牢初心使命 ……………………………… 152
二、推进创新发展，助力人人出彩 ……………………………… 153
三、服务区域发展，助力产业升级 ……………………………… 154
四、适应时代需求，建设职业本科 ……………………………… 155

参考文献 ……………………………………………………………… 157

第一章

职业本科院校适应性治理体系发展方向

本章概要：

　　高质量发展是当前我国经济社会发展的关键词，也是高等职业教育改革的根本要求和目标。职业本科教育作为新兴事物，需要克服历史积淀不足、学术漂移危机和高等性特征凸显难等问题，构建起符合教育发展规律的现代化多元主体协同治理的高质量治理生态体系，建立起职业本科适应性治理体系，涵盖治理理念、治理结构、治理制度、治理文化等要素，具有融合性、发展性、创新性、智能化等主要特征，不断适应党的领导新举措、人才培养新要求、科学研究新形态和产教融合新内涵，履行职业本科使命担当，为职业本科教育高质量发展提供强劲动力，推动职业本科类型化发展，凸显职业本科高等性内涵，服务区域经济转型发展，全面提升院校适应性治理能力，力争实现治理体系的变革转型，推动职业教育高质量发展。职业本科院校构建现代化治理体系面临着治理决策缺乏科学理念指导、多元治理主体内外融通受阻、治理制度难以适应职业本科教育发展、治理文化桎梏于行政文化等诸多问题。学校应该从以下四个方面优化现代化治理体系：树立数据驱动决策的院校研究治理理念，保障科学决策；优化多元相关利益主体治理结构，形成治理合力；健全职业本科院校治理制度体系，规范治理行为；打造职业本科院校特色治理文化，强化治理效能。

　　党的十九届五中全会提出了"建设高质量教育体系"的明确要求。建设高质量教育体系，实施高等教育和职业高等教育分类发展，集中体现了以习近平同志为核心的党中央对"十四五"乃至一个更长时期健全完善我国教育制度体系的最新要求[1]。建设高质量教育体系，推进职业教育类型化发展，加强我国新建职业本科院校治理能力建设，增强职业教育适应性，对于提升职业教育战略地位和全面认同、推动职业教育赋能技能社会建设具有重要意义。

---

[1] 周建松.以"双高计划"引领高职教育高质量发展的思考[J].现代教育管理，2019(9)：91-95.

一、职业本科院校适应性治理体系的内涵、特征和方向

(一)职业本科院校治理体系的内涵

职业本科院校治理体系构建的首要工作是厘清其内涵要义,把握内涵才能正确树立治理理念,明确治理思路。职业本科院校现代化治理体系是高等职业教育治理体系的重要组成部分和具体应用,深入把握职业院校治理体系的内涵是理解职业本科院校治理体系内涵的前提和基础。我国学者围绕职业院校治理体系现代化的内涵开展了相关研究,其中,刘冬冬等提出职业教育治理体系现代化本质上是探讨职业教育如何从"管理"传统样态向"治理"现代形态不断转变的过程,具体包括现代治理理念、多元治理主体转变、法治治理方式、多元制衡机制、多元化复合制度。[①] 韩连权等认为,高职院校治理体系是指参与高职院校治理各要素构成的有机的、协调的、动态的和整体的制度运行系统,包括治理理念、治理结构、治理机制及治理文化四个不可或缺的构成元素。[②] 潘海生等提出,职业教育产教融合治理体系和治理能力现代化形成了多元参与的治理主体、内外协同的治理结构、多管齐下的治理机制以及强而有力的治理能力的现实内涵。[③] 现有研究在对职业院校现代化治理体系的内涵释义中,主要提出治理理念的转变、治理主体的多元性、治理机制的协同性等多个内涵维度。

职业本科办学定位是指职业本科办学者根据现有办学起点及外在要求明确职业本科的办学目标以及确定人才的培养体系。[④] 职业本科院校的办学定位直接关系到职业本科院校治理体系的构建,对其治理体系的明确和构建具有方向性的指引作用。2021年教育部印发的《本科层次职业学校设置标准(试行)》明

[①] 刘冬冬,顾秀林,崔钰婷.职业教育治理体系现代化:内涵阐释、多维价值与实现路径[J].职业技术教育,2021,42(19):52-58.
[②] 韩连权,檀祝平.我国高职院校治理体系现代化的内涵、困境与路径选择[J].职教论坛,2021,37(7):20-26.
[③] 潘海生,程欣.新时代职业教育产教融合治理体系和治理能力现代化的现实内涵和行动路径[J].中国职业技术教育,2021(12):68-74.
[④] 张磊,葛金国,吴玲.关于我国高校办学定位的研究[J].安徽工业大学学报(社会科学版),2008(1):150-152.

确提出"坚持面向市场、服务发展、促进就业的办学方向,坚定职业教育定位、属性和特色,培养国家和区域经济社会发展需要的高层次技术技能人才"。相关政策也明确指出,职业本科院校要顺应新一轮科技革命和产业变革,主动服务产业基础高级化、产业链现代化,服务产业新业态、新体系,对接新职业,将课程内容对接职业标准、教学过程对接生产过程,将新技术、新工艺、新规范纳入教学标准和教学内容,培养高层次技术技能人才。南京工业职业技术大学是全国第一所职业本科院校,其办学定位是把学校建设成为大国工匠的摇篮。在这一办学定位的引导下,该校致力成为高层次技术技能人才培养的示范,为同类院校发展理念与办学定位提供了借鉴思路。

依据现有职业院校治理体系内涵相关研究成果,结合职业本科院校办学定位和办学理念,可以将职业本科院校治理体系的内涵释义为:面向市场,对接产业发展与转型、技术研发和产品升级,以培养国家和区域经济社会发展需要的高层次技术技能人才为目标,进而推进技能社会建设,并为大国工匠的培育与锻造奠基,多元主体协同治理,治理理念、治理结构、治理制度、治理文化等要素紧密衔接的高质量治理生态体系。

(二)职业本科院校治理体系现代化的特征

厘清职业本科院校治理体系的内涵是治理基础,深入探讨职业本科院校治理体系现代化的特征对明确治理方向和目标具有重要意义。党的全面领导是确保职业本科院校现代化治理体系科学有效、规范运行的前提和基础,学校应坚持党的全面领导,贯彻党的教育方针和政策。推进职业本科院校治理体系的"现代化"是贯彻落实《中国教育现代化2035》等相关政策的重要举措。实现职业教育治理体系的"现代化",首先要实现人的现代化,治理主体要熟悉职业教育原理和规律,树立新发展理念,解放思想,不落窠臼,坚持需求导向、服务发展,积极主动通过引用市场和社会元素为治理体系增添活力,建立以治理理念、治理结构、治理制度、治理文化四个维度为主体的现代化治理体系,厘清四大元素彼此间的内在逻辑关系,建构科学的权责分配制度,最大限度地处理好民主、效率、公平三者的关系,形成以融合性、发展性、创新性、智能化为主要特征的治理形态。

融合性。在治理主体上，建立政府、学校、行业、企业、社会、家长、学生、第三方评价机构等利益相关主体协同治理机制，构建开放式沟通平台以及平台对话机制，强化内部治理体系建设，融合内、外部治理，多管齐下，提高治理能力和治理水平的科学性和有效性。在治理过程和结果维度上，运用民主化与法制化治理机制的融合，兼顾民主与效率。在人才培养上，融入区域经济发展需求，充分利用行业企业等相关主体的特色优势，兼顾职业属性和本科层次定位，实现培养目标与行业企业需求的精准对接。

发展性。在治理理念方面，增强院校研究意识，构建专门的院校研究机构，引进专业的院校研究人员，为学校治理现代化改革注入源源不竭的发展动力。在人才培养目标方面，关注人才发展的长远性与全面性，专注于培养职业综合素质、生产一线知识、实践性技能，注重挖掘人才职业发展潜力，专注培养"一专多技""一精多能"等跨领域高素质技术技能人才，塑造匠心人才。在人才培养通道方面，建立完善双轨并行的发展体系，纵向促进中等职业教育、专科层次职业教育、本科层次职业教育纵向贯通、有机衔接，横向拓宽职业教育与普通教育的人才流动通道。在教育客体上，面向人人发展职业教育，发挥职业教育在社会继续教育领域的独特功能，引领并践行终身教育思想。

创新性。顺应产业转型升级趋势，创新人才培养体系，培养面向新时代的复合型高素质应用人才，提高解决生产实践问题的创新能力。创新院校治理结构和治理制度，以完善院校内部治理结构为基础，构建多元主体参与的治理结构，从院校治理制度的生成、建设、执行、监督、改进等多个环节层层推进、严格把关，创新科学评价制度，完善质量监测与保障机制，搭建校企合作院校治理平台，鼓励专业的社会第三方参与教育质量评估。创新资金投入和运转机制，通过社会服务和社会资助等多渠道筹措资金，创新科研方法，加大科研成果资金转化力度，加强资金管理，提升资金利用率，提高院校治理物质保障水平。

智能化。抓住数字化和人工智能时代的发展契机，提高院校信息化、数字化、智能化校园治理能力与水平，对接产业智能转型升级。创新治理决策方式，强化数据意识，引进和培养数据人才，提升数据获取和整合、分析和阐释、预测和决策的能力，加强数据安全管理，构建以大数据为内在基础的、多元利益主体协同运行的治理体系,提升管理效率和治理质量,提高治理决策的科学性和精准性。加大信息技术基础设施的投入力度,提高信息技术在学校治理活动中的利用率,建设智慧学习工厂,对接信息社会产业需求,打造开放、共享的信息化教育平台,构建科学、高效的智慧人才供给链。

（三）适应性治理：一种新的教育治理方向

2003年,国外学者迪茨等首次提出和使用了"适应性治理"概念,后来福尔柯、奥斯特罗姆等人将这一概念由环境治理领域引入公共事务治理领域。迪茨认为,必须倡导一种新型的治理体系以适应复杂多变的外在环境,鼓励灵活多变地处理复杂性系统的环境问题,应对公共事务的情境性、多样性和不可预测性[①]。适应性治理本质上是在复杂背景下或者外来冲击影响下强调多边互动、多元合作、协调适应的一种治理体系。

2011年左右,国内学者开始将适应性治理理论引入国内,为国内生态环境学科研究提供了新的理论支撑。詹国辉、沈桂花、邓敏、蔡晶晶等学者以适应性治理理论为依托,讨论了气候、水资源、生态农业、林业变化等问题,以期通过协调资源管理制度来应对环境变化的不确定性和复杂性。2015年以后,适应性治理理论逐步从环境治理领域扩展到乡村贫困治理、教育治理等领域。石绍成、李元洪、肖俏等学者从适应性治理的角度来研究乡村治理,提出过于规整的行政权力在乡村治理中欠缺及时的回应能力,建议予以适应性调整。及至国内教育界,学者们也先后提出了与适应性治理相关的学术概念、学术思路。杨成名先生提出了大学治理的"适应性选择"等概念,开启了适应性教育治理研究维度,提出大学治理需要兼顾不同地域、不同国家之间的异质性,全球教育治理没有一种体系可以通行天下,只有根据不同国家现实需要进行适当变革,以求得扎根生存[②]。徐小容、朱德全则认为,职业教育质量发展阶段性推进的必然选择是从"机械性"

---

① 张克中.公共治理之道:埃莉诺·奥斯特罗姆理论述评[J].政治学研究,2009(6):83-93.
② 杨成名.大学治理结构的比较与适应性选择[J].江西师范大学学报(哲学社会科学版),2013,46(1):117-122.

适应、"依附性"适应、"偏利性"适应过渡到质量治理的"增益性"适应[①]。

综上可知,适应性治理已经成为研究教育治理的一种选择,然而对于其理论选择尚缺乏自觉意识,还较少将适应性治理理论运用到教育治理上来。面对新建职业本科、高职扩招百万等急剧变化的外部环境,适应性治理理论介入新建本科院校治理正呈现出多种可能性与研究空间,预示了一种新的治理转型方向。

二、职业本科院校构建现代化治理体系面临的问题和挑战

(一)职业本科作为新兴事物,历史积淀不足

对新建职业本科院校而言,同普通本科院校之间同处一个场域,既存在互补发展关系,也存在竞争关系。在与普通本科大学实际较量中,职业本科在职业教育方面大致经历过中专大专、工人大学、联办工程本科、应用型本科转型、职业本科等多种形态,因其发展过程复杂,办学形式多样,致使其在类型层次、组织架构上产生了不少困惑[②]。当前,职业教育本科办学定位于面向区域经济发展、培养高层次高素质技术技能人才,提供四年制本科层次职业教育,属于高等教育序列。能否获得社会各界认可,一定程度上取决于它是否能够产生差异化的发展优势,以此区别于普通本科教育,进而引领应用型本科人才培养方向。这需要依靠职业本科瞄准新定位,凝练独特的办学风格,形成可持续竞争力和品牌影响力,培养出更多优秀的创新型高素质技术技能人才。

截至目前,教育部批准试点的35所职业本科院校基础总体薄弱,其中22所学校均是2003年前后在教育部备案的民办高职院校;4所公办高职院校为基础资源整合升格而成;1所由多所高职院校和中专学校合并建设,8所由独立学院和高职院校合并转设,面临资源整合的过渡探索期,难以较快形成职业本科办学优势。可以说,新建职业本科院校兼具职业教育类型特征和高等教育层次特征,但如何融合好两种教育类型的优势特点,还有诸多需要厘清的理论与政策问题,

---

① 徐小容,朱德全. 倒逼到主动:职业教育质量治理对区域经济社会发展的适应性研究[J]. 职业技术教育,2018,39(10):47-52.

② 李贤彬,李蔚佳,鲍东杰. 职业本科教育的发展历程和实践路径[J]. 教育与职业,2022(15):47-52.

新建职业本科院校尚有较长的自我革新与适应探索期。

(二) 职业本科科研定位不清晰,高等性特征难以凸显

当前,我国35所新建职业本科院校3/5来自民办职业院校升格,其他大部分由独立学院与优质高职院校合并转设而来,这些院校长期耕耘职业教育战线,对职业教育办学规律较为了解,也积累了丰富的职业教育办学经验。然而,多数新建职业本科院校对职业本科办学尚未开展深入的理论和实践研究①。这一现实因素总体来说是国家政策实施的阶段性症候,短时间内还无法彻底改观。例如,职业教育领域对于学术研究还存在诸多误区,不少人认为职业教育本质是应用性或实践性的,做不了也不需要做科学研究。然而,随着职业教育延伸到本科层次,科学研究如何定位,如何体现职业本科高等性特征就成了一个亟待正视的问题。

职业本科如何看待科学研究,如何做科学研究呢?部分观点认为,职业本科起步较晚,博士等高层次人才短缺,教学与科研之间时间博弈激烈,就业市场对职业院校毕业生科研水平期待不高,不如将人力物力投资于人才培养核心任务。这些观点具有一定的合理性,然而,其将职业院校人才培养与科学研究相对立比较,一定程度上是对职业本科高等性的漠视和误读。职业本科作为我国高等教育体系的重要组成部分,在其天生基因序列上就暗含着大学高等性的核心特征——科学研究。这就要求新建职业本科院校必须肩负起科学研究的社会职能,找到与其类型匹配的科研定位。

(三) 治理决策缺乏科学管理理念指导

职业本科院校是为社会培养高层次技术技能人才的主要阵地,建设职业本科院校现代化治理体系是改善技术技能人才培养结构、增强职业本科教育社会适应性的重要抓手。治理现代化的内核之一是学校利益相关者参与学校重大事项的决策体系现代化。② 当前,职业本科院校治理决策仍沿袭传统职业教育办

---

① 王学东,马晓琨.职业本科高校人才培养定位与体系建设[J].教育与职业,2022(5):21-27.
② 王亚南.高职教育院校研究规范发展的实践困境及未来路向[J].中国职业技术教育,2019(1):83-88.

学体系,主要依靠领导班子根据"上级指示"和"惯例"研究决定,缺乏科学的理念指导,较少从校本学情出发实地调研,在实践中必然会产生诸多问题。

1. 决策主体与客体之间存在割裂。治理决策的关键在于把握决策主体和决策客体两个关键要素。传统决策机制受层级管理体制的影响,处于不同层级组织的成员仅对自己的工作岗位负责,决策主体与客体之间是相对独立的,两者之间容易沟通不畅,引发信息不对称现象,甚至导致决策主体与客体之间的关系出现割裂和断层。职业本科院校作为一个管理组织,既具有自身的办学育人特性,也具有一般管理组织的共性。在实践中,部分学校由于缺乏科学管理理念指导,盲目照搬传统办学体系,导致信息堵塞、即时反馈处理机制薄弱,难以搭建联动互通的精密信息网络,最终造成决策未经实践论证,在实践中缺乏适应性与协调性,大大削弱了实际效果。

2. 校本特色不鲜明。职业本科院校处于新型院校转型期,在改革实践中容易出现为满足"国家标准"而产生决策的生搬硬套行为。部分学校未能以校本需求为导向,没有根据实践开展因地制宜的创新,缺少对校本办学定位、专业建设等校情的差异化研究。对树立特色治理目标的战略地位意识不到位,盲目照搬先进经验和体系,使得作出的治理决策没有体现自身的办学特色,学校内部治理机制呈现高度重合性,发展趋同化现象严重。

3. 治理决策不合理、效能低。部分职业本科院校长期照搬传统治理体系,导致决策欠缺协商、对话意识,互动体系不完善,权责分配不清晰,尤其没有广泛从行业、企业了解行业发展前沿资讯和劳动力市场需求,信息互动与衔接关系弱,制约与监督机制不完善,执行稳定性较差,尚未形成决策信息的数据支撑和科学论证,仅凭决策者的惯性思维拍板定案,使决策结果缺乏科学性和可靠性,难以保证治理效能。

(四)职业本科办学规范欠缺,学术漂移可能性增大

2021年,教育部印发《本科层次职业教育专业设置管理办法(试行)》,对职业本科专业设置标准进行了规范,开启了职业本科办学的标准化之路。然而,新建职业本科院校在组织架构、体制机制、人才培养方案制定等方面主要还是以借

鉴应用型本科或普通本科办学为主，职业本科教育同普通本科教育出现了大面积交集，甚至于有学者就提出职业本科是普通本科教育的特殊亚类型的观点。这一客观现实容易造成高等教育体系的混乱认知，甚至把职业本科等同于普通本科。职业本科在办学过程中容易发生"学术漂移"，这一现象在一些职业本科院校办学实践中得到突显，各种缘由复杂，既有主动漂移成分，也有被动成分。

当前，职业教育已经成为一种类型教育，然而社会各界对其认知还没有得到及时更新，对其人才培养质量还存在质疑，这在某些省份独立学院与高职合并转设的舆论事件中得到了呈现。具体而言，在我国高等教育场域中，普通本科教育一直被公认为是教育主流形态，处于优势发展地位，成为高等教育场域的标杆旗帜。职业本科院校纳入我国高等教育发展序列后，与其同处一场域竞争环境，不可避免地要同其进行竞争比较，不自觉地向普通本科靠拢，以追求社会资源支持和社会各团体认同，漂移办成了普通本科，致使难以发挥职业教育本身优势。在新建本科院校办学过程中，职业本科必须建立起自己的组织场域，同普通本科教育进行区隔，形成独自的发展赛道。否则，职业本科将可能逐渐丧失自身办学特色，在比较中迷失自我，漂移成普通本科。

三、职业本科院校适应性治理体系构建方向

（一）适应党的领导新举措，履行职业本科使命担当

发展职业本科教育是党在新时期推进教育强国战略的重要举措，关系到中国经济社会高质量发展成效。新建职业本科院校作为本科层次职业教育重要举办主体，必须要全面履行好发展职业本科使命担当，把办好职业本科教育作为一项光荣使命。党领导下职业教育也经历了不同历史阶段的适应过程，从新民主主义革命、社会主义革命、改革开放到社会主义现代化建设新时期，不断地调整建设思路和建设目标以适应经济社会发展需求，满足不同时期人民群众对于职

业教育的需求，为实现中华民族伟大复兴贡献职教力量。[1]

（二）适应人才培养新要求，推动职业本科类型化发展

《国家职业教育改革实施方案》指出，"职业教育和普通教育是两个不同的类型，具有同等重要地位"。职业教育这一类型判断在新《中华人民共和国职业教育法》中更以国家立法形式得以固定。职业教育类型化发展就是要通过建立健全现代职教体系，构建起涵盖中—高—本—硕博等一体化的职业教育发展结构，培养出不同层次的技术技能人才。建设职业本科就是要应对人口红利下降，国家经济转型升级所带来的高层次技术技能人才短缺，培养本科层次能够适应技术变革和解决生产一线技术问题的高素质技术技能人才。同时，提升学生个体发展适应未来职业角色转换和可持续发展能力[2]。具体而言，就是要坚持重技术、重实践、重发展的理念建设人才培养体系，注重学科专业一体化建设，重构"平台模块化"课程体系，加强"能力综合化"实践教学体系，推行"一群一院"协同育人体系，提升"三教改革"质量，建构凸显职业本科特色的人才培养体系。[3]

（三）适应科学研究新形态，凸显职业本科高等性内涵

职业本科的科研定位应区别于普通大学基础型科研定位，探索出一条应用型科研体系，积极扎根区域办学，融入区域经济发展，面向区域中小微企业技术生产难题，在工艺改造、流程优化、技术转化等方面发力，为区域经济产业发展提供经济实效的解决方案。这同西方国家应用技术大学发展道路选择是一致的，基础研究需要长期的资源积累和成果凝聚，而职业本科尚不具备这一条件，必须适应科学研究的新形态，进行高质量的科研产出。同时，职业本科科研水平及其贡献度是衡量学校办学水平的重要标志，也影响着全国职业本科的整体水平。职业本科院校需要面向区域经济发展需求，推进产学研协同攻关，增强科技创新能力和社会服务能力，为新形势下职业本科院校高质量发展提供新动能，为广大

---

[1] 安培.增强职业教育适应性：思想溯源、实践变迁与推进策略[J].职业技术教育,2022,43(7):6-13.
[2] 马东霄.职业本科教育建设的基本内涵与行动框架[J].中国职业技术教育,2021(30):13-18.
[3] 王学东,马晓琨.职业本科高校人才培养定位与体系建设[J].教育与职业,2022(5):21-27.

教师个人发展提供新机遇。①

（四）适应产教融合新内涵，推动职业本科深度融入区域

我国高等职业教育发展先后经历了急需的探索性扩张发展阶段、扩张性规模发展阶段和基于适需的内涵式发展阶段。进入新时代，提升职业教育办学层次，鼓励优质高职院校举办本科专业，推进独立学院与优质高职院校合并建设职业本科院校，其目的就是要让高等职业教育成为国民经济高质量发展的重要手段。新建职业本科院校必须提升产教融合水平，深入推进校企协同技术创新、联合攻关和成果转化，增强教学内容的学术素养含量②，将学生的实践应用研究能力作为培养目标的重要内容，扩大教学内容的知识宽度和理论深度，将企业项目、工作过程与教学过程相融合，提升学生综合运用知识解决实际的、复杂的现场技术问题的能力。进而，提升新建职业本科院校扎根地方办学能力，发挥服务区域经济发展的功能定位，为区域经济转型发展培养更多留得下、用得住和待得久的高层次技术技能人才③。

四、职业本科院校适应性治理体系的实施路径

职业本科院校是培养复合型高技能人才的主要阵地，在构建技能型社会的时代背景下，职业本科教育的高质量发展受到全社会关注。职业本科院校现代化治理体系是稳步发展职业本科教育的重要基石，聚焦现代化治理体系建设的突出问题，总结现代化治理体系的优化路径应主要集中在治理理念、治理结构、治理制度与治理文化四大要素上。其中，治理理念、治理结构、治理制度是治理体系中的显性要素，治理文化是隐含在大学治理行为底层逻辑的隐性要素，同时也是指导治理行为最基本、最深沉、最持久的力量源泉。

---

① 李永生.有组织科研:高职院校发展新动能[N].中国教育报,2022-9-20;05.
② 吴学敏.开展本科层次职业教育"变"与"不变"的辩证思考[J].中国职业技术教育,2020(25);5-13.
③ 刘彩琴.职业本科育人文化的内涵辨析、逻辑向度与体系构建[J].教育与职业,2022(7);55-60.

(一) 树立职业本科现代化治理理念,保障科学决策

院校研究发起于20世纪60年代的美国,是基于校本数据分析和横向数据对比的决策信息支持系统,帮助大学开展"自查""自诊""自改",以"知己知彼"视角服务于大学决策。[1] 院校研究的本质特征是数据驱动决策,即"无数据不决策",立足广泛的信息收集与数据分析开展实证研究,帮助学校全面认识校本运行情况,为科学治理决策提供支撑。随着数字中国时代的到来,数据分析技术的飞速发展为院校研究在职业本科院校的开展提供了技术加成,《中华人民共和国国民经济和社会发展第十四个五年规划和2035年远景目标纲要》强调,迎接数字时代,激活数据要素潜能,以数字化转型驱动治理方式的变革。院校研究理念为职业本科院校现代化治理改革注入了新活力,助推学校在激烈的职业本科学校竞争中坚定类型特色、实现内涵式发展,职业本科院校应该从意识、机构、人力、数据体系四个方面深入贯彻院校研究理念。

1. 树立院校研究意识,深化院校研究理念

职业本科院校作为新型院校,治理体系与治理模式在实践中探索、在探索中完善,院校研究通过对学校重大发展问题开展系统、科学的实证研究,基于数据分析为治理决策提供支持,为职业本科院校提供了扎根中国大地办教育的科学理念与行动指南。学校领导者应从观念上引领办学利益相关主体积极参与院校研究,从制度上明确院校研究在治理决策中的必要环节,逐步形成以院校研究为抓手进行自我探索与改进的内在动力和制度保障,营造开展院校研究的良好氛围,推动治理决策体系和治理行为模式的优化和完善。

2. 合理设置专门的院校研究机构,强化研究功能

在以往的职业院校职能处室设置中,不同的部门会承担部分院校研究功能,如校长办公室收集学校运行基础数据,教务处收集教学数据,质量管理办公室评估教学质量、监督教学运行,高职研究所为学校提供管理决策咨询,分散的部门

---

[1] 常桐善.如何提高大学决策绩效——院校研究与"数据驱动决策"模式的视角[J].复旦教育论坛,2013,11(2):54-60.

和功能大大减弱了信息反馈作用的发挥。在职业本科院校的新型治理体系中,要以制度化方式确立院校研究机构的主要职责和功能,使研究机构参与从学校运行状态数据采集到数据平台建设管理与运维、从实证调研到数据加工处理、从信息挖掘与呈现到提供决策咨询的一系列环节,充分发挥院校研究机构的"智囊团"功用,促进学校的相关决策更为科学、合理、有针对性和可操作性。

3. 培养并选拔专门的院校研究人员,提升团队创新能力

院校研究本质上是基于数据分析为治理决策提供支撑,对此,学校应组建由具有信息技术学、统计学、管理学、教育学等学科背景的教师构成的专业团队,建立并完善相应的岗位胜任标准和培养培训制度。由专业团队综合运用数据信息分析技术,在多源异构海量数据中进行数据捕捉、清洗集成、可视化处理,与质性研究相结合判断信息真伪、挖掘底层教育问题、把握教育逻辑与规律,而后总结信息提出方案,为学校发展提供有效的战略决策咨询。

4. 构建校园大数据体系,为决策提供支撑

开展院校研究数据调研的前提是有数据,数据的采集和储存依赖于大数据体系的完备度和安全度。职业本科院校应围绕学校的办学定位和人才培养特征,统筹全校信息化基础设施建设,构建全面覆盖的数据采集布局,形成内外联动的校园大数据体系,为学校管理者综合分析学校发展情况提供依据。

(二)优化多元相关利益主体治理结构,形成治理合力

职业本科院校治理要打破传统模式下"政府—学校"对大学绝对管理权的壁垒,根据职业本科教育的类型特点和高层次技术技能人才的培养目标,以深入推进产教融合、校企合作为突破口,积极引进校外力量参与到大学治理当中。

1. 构建多元利益相关主体的利益协调机制。职业教育涉及多方利益相关者,要吸引各方积极参与职业教育办学,探索政府、学校、行业、企业、社会、家长、学生、第三方评价机构等多元利益相关者共同参与、平等协商的治理新格局。不同主体对待学校治理有不同的利益诉求,政府、学校是办学主体,行业、企业既是校企合作的重要参与者,也是育人成果的享用者,社会、家长、学生是教育的监督者和受益者,身兼教育管理与评价的责任和义务。对此,职业本科院校应正视行

业、企业等不同治理主体对学校人才培养的利益诉求,在多元治理主体间探索建立利益协调和博弈机制,凝聚"提高治理水平、提升办学质量"这一核心意识,寻求利益最大公约数。尤其是要充分发挥企业在开展产教融合、校企合作方面的作用,调动企业参与职业教育的积极性和主动性,促使其主动参与到职业本科院校的治理体系中。

2. 发挥学校治理主体的中枢功能。充分发挥学校在多元治理主体中的中枢纽带作用,从内部管理入手,自上而下提高职业本科院(系)两级治理能力,强化教师与学生在学校治理中的主体地位,切实发挥教代会、学代会的民主管理和监督作用,唤起教师、学生对学校治理的集体认同感和参与感,让其成为有公民精神和批判意识的学校治理参与者。同时,学校主动引进校外力量,借助行业协会等社会组织在学校治理和发展中的指导作用,探索企业和学校在组织机构、培养模式、质量标准等方面的整合模式,全面性、多样化开展产教融合、校企合作,实现教育资源的共建与共享。

3. 优化民主畅通的多维立体沟通平台。建立并完善以理事会、校友会、校企合作委员会、教育基金会等为代表的多维立体沟通平台,明确各方的组织性质、人员组成、权责利范围,以及不同平台间的权责分配、信息互通机制,构建多方参与、平等对话、渠道畅通的民主管理与协商模式,让多元利益主体都有发声平台和表达自身意愿的机会。如德国应用技术大学的董事会制,法律规定董事会是学校最高决策机构,成员必须由学校、企业以及其他社会各界的代表人士构成。[①] 通过多维平台建设,促使各方治理主体加强交流、合作,共同参与学校治理过程。

(三)健全职业本科院校治理制度体系,规范治理行为

制度是一切行动的行为准则,治理制度是大学治理现代化的有效载体,规范了治理主体行使治理权力的全过程,是实现治理理念与治理结构的根本保障。职业本科院校应转变传统职业教育思维,从顶层设计出发,将职业本科教育发展

---

① 沈胜林.德国应用技术型大学治理:维度、特征及其启示[J].中国职业技术教育,2022(15):74-81.

理念融入学校治理建设中,尽快建立健全以章程为核心的治理制度体系。

1. 完善以章程为核心的治理制度体系。章程是大学自主办学、依法治校、规范行使各项治理权力的总纲领,《关于实施中国特色高水平高职学校和专业建设计划的意见》明确指出,要健全内部治理体系,完善以章程为核心的现代职业学校制度体系,推进学校治理能力现代化[①]。职业本科院校应将章程的修订与完善作为大学治理的首要任务,构建以章程为主、其他规章制度为辅的治理制度体系,健全教学与科研、教师与学生、课程与实践、管理与服务等保障学校健康运行的相关制度,全面覆盖大学治理的神经末梢。其他规章制度应以修订后的章程为统领同步修订,保持与章程的内在统一,通过制度体系内各项制度的耦合性与衔接性,实现职业本科院校治理体系运行的制度化和规范化。

2. 形成科学公正的制度生成程序。制度存在的本质是对权力与利益的再分配,它直接影响了学校不同类别教育资源的配置[②],因此制度内容必须科学合理、公平公正。在制度生成阶段,职业本科院校应当健全立项、调研、起草、审查、征求意见、二轮修正、专家论证、依法审定等制度生成程序,梳理和完善具体的办事流程,规范开展制度建设。[③] 基于院校研究理念对制度相关内容开展系统深入研究,进行本土化调研,保证制度在本校实施的合理性。明确制度审核与监督机构,制度内容可能会涉及部分群体的切身利益,为避免制度在制定、执行中出现部门间的责任推诿或利益倾斜,应由指定机构统筹制度生成程序并监督后续的执行。

3. 提升制度的权威性和执行力。在制度执行阶段,应建立宣传、培训、评估、反馈等为主的制度执行程序。任何一项新事物的出现都要经历发展、适应、被接受的过程,新制度在执行初期需要制度制定者对制度执行的主客体定期开展宣传与培训,扩大制度的认知度和影响面,明晰制度执行的价值和内涵,强化

---

① 教育部 财政部关于实施中国特色高水平高职学校和专业建设计划的意见[EB/OL].(2019-04-01)[2022-07-27]. http://www.moe.gov.cn/srcsite/A07/moe_737/s3876_qt/201904/t20190402_376471.html.

② 曹高丁,聂强.制度治理视域下高职院校内部治理体系现代化研究[J].中国职业技术教育,2022(1):43-47.

③ 陈寿根.高职院校内部治理现代化的路径选择[J].职业技术教育,2021,42(21):32-36.

执行主客体对制度本身的认同和理解。制定制度执行标准,制度执行者要严格遵守标准,维护制度的权威性、公正性和公信力。建立制度执行评估与反馈机制,及时发现并纠正制度执行中存在的问题。

(四)打造职业本科院校特色治理文化,强化治理效能

不同于治理理念、治理结构、治理制度等大学治理基本构成的一般要素,治理文化影响并统领职业本科院校治理过程中组织结构、管理制度、运行机制等治理活动。[①] 职业本科教育的类型特点决定了职业本科院校治理结构的跨界属性,不同利益相关者面对共同的大学治理活动,需要有共同的治理文化作为引领,其对治理文化的认同感和归属感直接决定了治理效能。

1. 打破行政管理独断藩篱。针对职业教育管理部门长期存在条块分割严重、协调机制不完善等问题,职业本科院校应突破行政管理思维,变单一的自我管理为多维度治理,变闭塞管理为开放共治,转变垂直式单向管理模式,形成多维度多主体利益相关者共同参与治理的新格局。要从行政管理理念和体制机制改革入手,树立依法治校、科学治理的管理理念,按照现代管理理念和治理模式来制定相关制度,并充分发挥多元治理主体的作用,加大其在学校治理中的话语权,以治理文化凝聚治理行动。

2. 紧扣特色治理文化建设关键词。打造特色治理文化应重点把握"职业技术"和"大学"两个关键词,"职业技术"要求学校治理以职业技术技能的创新与应用为核心,整合校内外教育教学资源配置,与社会发展、市场需求、产业转型升级、企业用人标准紧密结合,提高职业教育适应社会需求的能力,营造职业技术教育环境;"大学"意味着全人教育,要求学校治理应该坚持立德树人、德技并修,树立以学生为中心的治理文化,关注学生德智体美劳全面发展,帮助学生综合提升职业技术技能和职业基础素养,形成专业技能、职业精神、人文素养的有机结合,培养学生成为有道德、有知识、有能力、和谐发展的"职业人"。

---

① 眭依凡.关于高校内部治理体系创新研究的框架性思考[J].华东师范大学学报(教育科学版),2020,38(12):21-32.

3. 提升文化凝聚力和价值认同感。价值认同是职业本科院校形成治理共识、汇聚治理力量的最持久、最深沉的要素。院校治理文化是多元利益主体价值整合和价值认同的思想基础,深入挖掘职教本科治理文化内涵,打造多元特色治理文化体系,为汇聚价值认同、形成大学治理的内在凝聚力筑牢基础。通过强化价值认同和凝聚力机制建设,深入促进多元利益主体参与学校治理的积极性,促成学校治理多元利益主体共同发展,增强协同治理文化发展的持久力和生命力。

第二章

职业本科院校的多元治理结构构建

本章概要：

  治理体系是治理能力现代化的前提和基础，治理能力现代化是治理体系的目的和结果。职业本科院校应以职业本科建设为契机，完善职业本科院校治理体系，不断优化治理结构，完善治理制度，创新治理路径，营造治理生态，进一步激发办学活力，不断推进院校治理能力现代化，取得显著成效，为建设高水平职业本科院校奠定治理基础。

  响应国家治理现代化改革要求，围绕职业本科学校建设要求，职业本科院校要坚持和完善党委领导下的校长负责制，围绕培养德智体美劳全面发展的社会主义建设者和接班人的根本任务，完善以章程为核心的职业本科院校治理体系，搭建"党委核心、内外融合、递进优化"的治理架构，通过师生合作参与、企业联合办学、政府部门协作等协同创新，增强共同治理能力，有力推进院校治理能力现代化。

一、优化职业本科院校治理结构，激发办学活力

  党的十九大提出，到 21 世纪中叶实现国家治理体系和治理能力现代化。围绕立德树人根本任务和职业本科学校建设标准，完善组织机构和岗位设置，切实做到分事行权、分岗设权、分级授权、定期轮岗。加强二级系部决策自主，修订《河北科技工程职业本科院校两级管理规定》，制定"院为实体"建设方案，促进管理重心下移，在教育教学、人事分配、科研管理和财务资产等方面进一步扩大二级系部办学自主权。实施职业本科教育改革，深化"分类管理、分级考核"人事分配制度改革，探索职称"评聘分离、能上能下"制度改革，营造人才"引得进、留得住、用得好"的用人环境。健全学术委员会、专业建设委员会、教学指导委员会、教材选用委员会等学术组织，完善各个委员会章程，确保学术权力与行政权力界限清晰，发挥专家治学功能。完善内控制度和校务公开制度，构建"智慧＋"大数据、物联化管理体系。健全内部质量保证体系，以诊断与改进制度建设为抓手，

依托"智慧邢职"校园信息化平台,持续完善教学诊改和教学质量保证体系。

二、完善职业本科院校治理制度,推进依法依规治校

坚持党委领导下的校长负责制,健全党委统一领导,根据《高等学校章程制定暂行办法》,完善《党委议事规则》《院长办公会议议事规则》,确保政治权力与行政权力界限清晰、责权统一,建立健全自主管理、自我约束的体制机制和制度体系。开展校内规章制度的全面梳理和修订完善工作,对党建、教学、科研、人事、财务、后勤等方面的管理制度进行了"留、废、改、立",编印《河北科技工程职业技术大学制度汇编》,极大地推动了管理工作的制度化、规范化和科学化建设。在制度建设的过程中,坚持实事求是的原则,广泛吸纳教职工意见,融入特色、实践、法治的制度建设精髓,切实实现了理论联系实际,着力规范解决办学问题,突出办学特色的制度建设目标,全面提升了学院依法依规办学的管理水平。

三、创新职业本科院校治理路径,探索多元共治

按照"公办主导、市场参与、主体多元、国际合作"的思路,探索建立公有股份制、混合所有制的产教融合办学实体和产教融合平台,创新校企合作、国际合作协同育人机制。健全学校、行业、企业、社区等共同参与的学校理事会或董事会,健全理事会运行机制,充分发挥咨询、协商、议事和监督等外部治理作用,打造促进产学研紧密结合、共商合作发展建设事项的机构和平台。充分发挥"双代会"在院校民主建设中的作用是推进学院民主管理的重要保障,建立健全《工会工作细则》《教职工代表大会工作细则》等规章制度,充分发挥了工会、教代会的民主管理、民主监督职责。

四、数字化治理推进内部质量保证体系构建

"推进高等职业教育高质量发展"是《国家职业教育改革实施方案》中明确提出的重要任务。坚持质量导向,以内部质量保证体系诊断与改进工作为抓手,以诊改

思维聚焦质量提升和内涵发展,积极回应人民群众对优质高职教育诉求,是高职院校的新使命、新担当。在诊改工作中,河北科技工程职业技术本科院校把握内部质量保证体系建设运行基本逻辑,把握全国职业院校教学工作诊断与改进专家委员会(以下简称"全国诊改委")专家提出的"五纵五横一平台"基本架构,创新驱动诊改,统筹"纵、横、深"三向上的诸要素,实施"11211"计划,在六个维度上齐发力,做到"基筑深、台垒实、柱立直、梁架正",完善了内部质量保证体系,推进了诊改工作。

(一)体系架构融入"深向五链环",三向架梁立柱

"纵向五系统、横向五层面、一支撑平台"从根本上保证了内部质量体系设计的系统性和科学性。在这一体系架构下,我们基于专家针对诊改试点工作中出现的困难和问题的思考,进行系统化总结,将"目标、标准、实施、保障、信息"这五个环环相扣的核心要素作为一个重要链条,即"深向五链环",与"纵向五系统、横向五层面"形成不可分割的质量依存关系,从"纵、横、深"三向架梁立柱,构建了一个立体的体系架构,形成了符合河北科技工程职业技术大学实际的内部质量保证体系及诊断改进工作方案(图 2-1)。

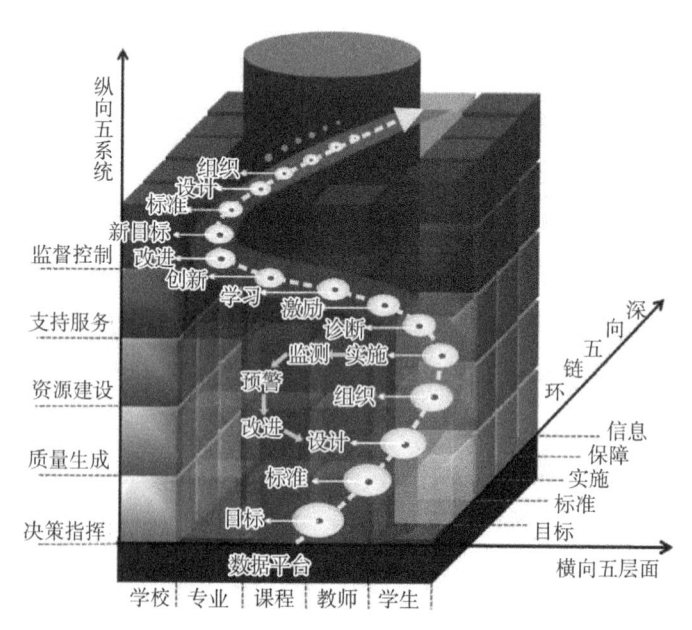

图 2-1 "五纵五横五深向"质量保证体系架构图

(二)体系运行落地"11211"计划,六维筑基垒台

学校狠抓内部质量保证体系的落地见效,实施"11211"计划(图2-2),建设1个平台,遵循1条主线,开展2项工作,提供1轮保障,形成1种文化,从六个维度筑基垒台,推进质量体系规范化运行。

建设1个平台即按照"需求导向、自我保证,多元诊断、重在改进"的工作方针,打造基于大数据的一体化智慧校园平台(图2-3)。学校智慧校园建设共分为"3个平台""4个应用",分别为统一身份认证平台、智慧校园大数据中心、学校现有系统整合及基础架构整合;网上办事大厅系统、移动校园管理系统、大数据教学诊改系统、大数据智慧类应用系统。3个平台分别对应于登录、数据、汇聚进行统一维护、管理和共享;4个应用分别对应于"学校/专业/课程/教师/学生"5个层面与管理之间的串联和应用,形成全要素、网络化、预警功能和全激励的内部质量保证体系。

遵循1条主线,即在实施过程中形成由发展规划→设定目标→制订标准→实施设计→运行检验→诊断改进→评价奖惩的实施主线,是"深向五链环"理念的具体体现。学校及各部门规划、师生个人发展规划,均按照这一主线进行,在学校内部质量保证监测系统中进行管理。

开展2项工作,即以专业群为落脚点,开展教学诊改和以绩效考核为抓手开展行政督导。我校依据学校的战略定位与发展需要、专业的实际情况及与同类专业的对比情况确定各专业的目标体系,设定"一流专业""优秀专业""合格专业""扶持专业"等类别,确定具体建设目标,形成学校的专业目标体系。从专业群开发、设置与调整的科学性,专业建设规划的前瞻性、可行性与示范性,人才培养方案的科学性与时代性,专业建设基础的领先性,专业建设管理与质量监控的规范性,学生培养质量的社会认可度等方面建立专业的标准体系。目前已在6个专业群开展了诊改工作,重点进行了职业定位、职业能力培养、就业竞争力等方面的诊改。学校建立了绩效考核体系,加强行政督导,已于2020年度按计划开展绩效考核工作。

提供1轮保障,即提供人力、财务、资源、生活、安全及文化保障(图2-4)。

学校成立以领导班子为组长和副组长的质量保证委员会,设立专门的质量管理办公室,学校办公室、组织人事部、财务处、学生处、后勤处、党群工作部(宣传部)等各职能部门联动,为质量保证体系诊断与改进提供支持。

形成1种文化,即落实人才培养质量保证的主体责任,全面开展教学诊断与改进工作,使广大师生牢固树立质量理念,在实干中形成质量文化(图2-5)。学校以内部质量保证体系诊断与改进为思路,建立了质量评价体系,并不断健全质

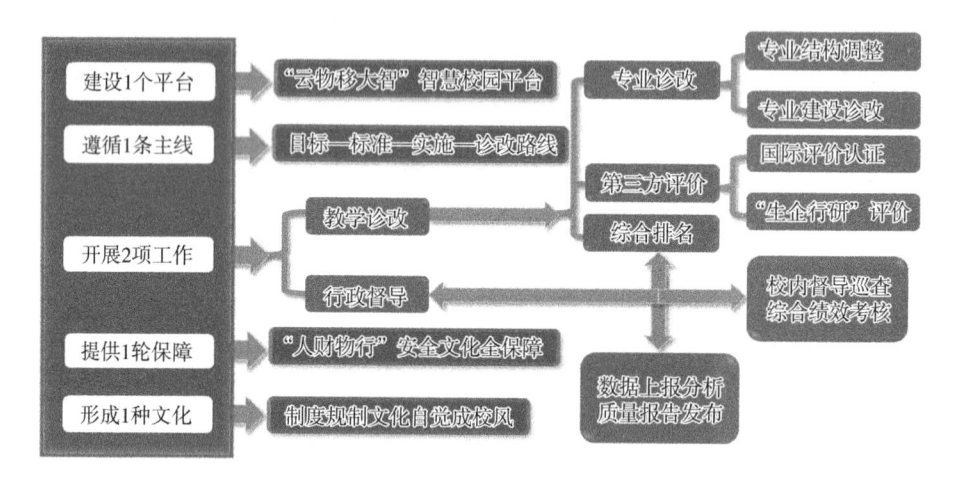

图 2-2 "11211"计划

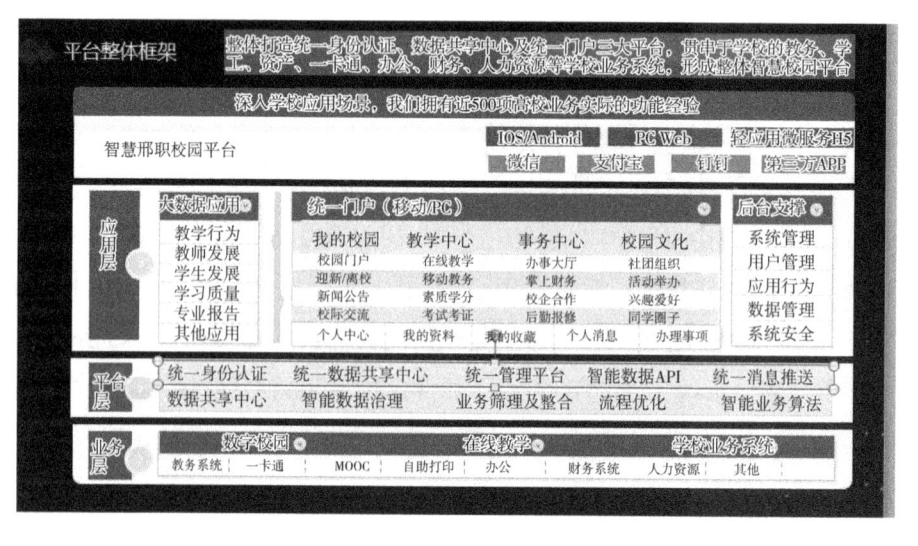

图 2-3 智慧校园平台

量评价制度,完善质量评价机制,持续开展人才培养质量评估,引导全员参与质量诊改,融合邢职校园文化中军队文化、企业文化、郭守敬文化三元文化基因,逐步形成了具有自身特色的质量文化。

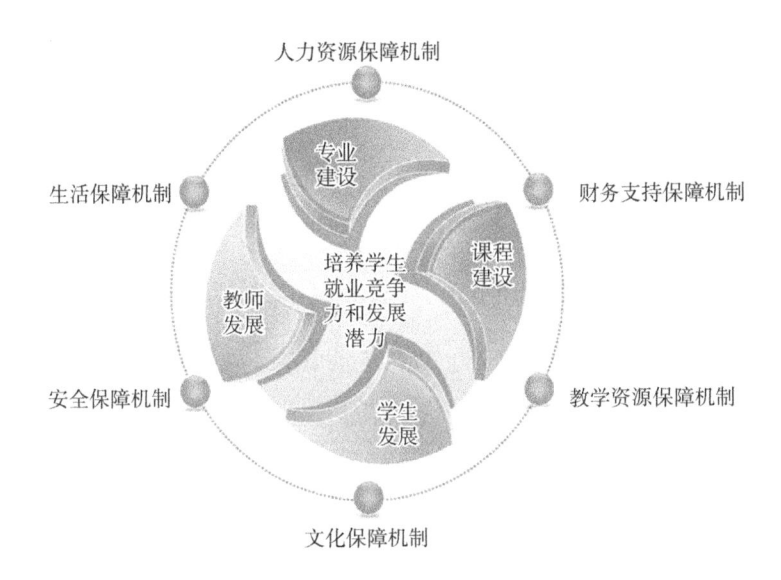

图 2-4　1轮保障

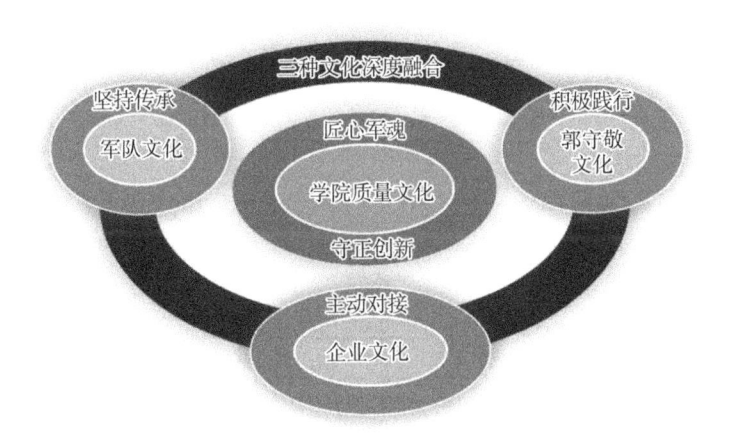

图 2-5　邢职特色的质量文化

第三章

知识论视角下职业本科人才培养定位探析

本章概要：

　　人才培养定位是区别不同办学主体差异化办学任务的重要依据，是统筹规划人才培养活动的基础和前提，而知识变革对职业教育人才培养定位产生着重要影响。职业本科教育"以何为高""凭何而高"的问题尚无定论，回答这个问题需从知识论视角出发，以人才的知识需求为起点，厘定职业本科教育人才培养定位。智能时代的技术知识呈现边界模糊化、精细化和综合化的特征，构成了职业本科人才培养定位的内在逻辑。遵循此逻辑，职业本科应该着力培养工程型、复合型、高层次的技术技能人才，并按照"规模适中"的原则科学控制培养规格。在此培养定位之下，应该变革理念，将"全人"理念贯穿职业本科人才培养全过程；变革教学体系，以数字化知识推动职业本科学科建设；变革课程知识，以复杂性知识为核心构建职业本科课程体系。

　　人才培养定位是区别不同办学主体差异化办学任务的重要依据，是统筹规划人才培养活动的基础和前提，是对于"培养什么样的人"这一问题的理论回答。人才培养定位模糊不仅会导致高等教育功能缺失、高等教育资源浪费，还会最终导致社会人才结构失衡[1]。作为高等职业教育办学类型的重要补充，职业本科的人才培养定位尚不明确，职业本科教育"以何为高""凭何而高"的问题尚无定论。因此，探索职业本科的人才培养定位需要从知识论的层面去追问"职业本科这一办学类型是基于怎样特定的知识诉求？""这要求职业本科人才具有什么特定的知识素养？""职业本科在具体办学过程中应该如何契合这种知识诉求？"，递次回答职业本科人才培养定位"为何""何谓"以及"何为"的问题。

---

[1] 林伟连,伍醒,许为民.高校人才培养目标定位"同质化"的反思——兼论独立学院人才培养特色[J].中国高教研究,2006(5):40-42.

一、智能时代的技术知识生态图景

（一）技术知识边界模糊化

智能时代背景之下，研究者似乎很难清晰地将某项技术划定在某个维度之下，技术知识的边界出现了模糊化的倾向，重要表现就是概念、规律之知和规则、程序之知的边界模糊。科学知识是以概念和规律为主要表现形式的知识，技术知识是以规则、操作方法和运作程序为主要表现形式的知识。19世纪以来的工业化打开了现代工业发展的格局，也奠定了科学与技术紧密结合的发展总基调。科学直接与技术挂钩，转化为生产力，科学知识和技术知识之间的关系不仅关联更加直接和密切，同时也呈现出边界逐渐模糊化的特征。区别于传统的技术知识，智能时代的技术知识既包括了有关规则和程序方面的成分（如何操作维护和改进仪器、机器、设备等知识），又包括了概念和规律方面的成分（工业流程背后的基础理论和基本算法等）。这种紧密结合映射到职业教育领域，显著的影响之一就是学科主义知识论在职业教育领域的蔓延，职业教育的知识以理论之知（或科学知识）为主体的观点成为主流。职业教育实践中，技术与科学的边界越来越模糊化，科学知识同技术知识的定位逐渐趋同，二者之间倾斜性和比例差异逐渐缩小。

（二）技术知识精细化

随着智能时代的到来，在结构上技术知识的分级分层的特征强化，技术知识生产和传授过程精细化的特征凸显。一方面，技术知识生产逐渐精细化。长久以来，传统的技术知识生产是在技术实践的过程中实现的，职业教育所传授的也应该是此过程中"事实之知"，活动层面的技术实践的累积是知识层面技术进步的重要基础。伴随网络智能时代对事实、客观的消解，带来的是本质主义、实体主义的日渐坍塌。技术知识生产的链条延长，知识生产分工清晰，技术知识生产精细化的趋势显著[1]。另一方面，技术知识传授过程逐渐精细化。这集中表现在技术知识的情境性、个体性、难言性不断增强。新的知识技术背景之下，技术知识不是教育过程中的对象化存在，技术活动是在实践中探究的活动，人与技术的关系也不再是彼此外化的关系，人、技术、教育三者之间已形成一种融合共生的关系，技术知识的推广从以静态储存为核心的"知识认知"转向以动态迁移为核心的"知识运用"。以此为基础开展的职业教育教学活动应该符合并准确把握这种对技术认知的规律。职业院校为学生创设的应该是一种情境式教学场域，通过学校与企业的共同投入，教师与学生的共同配合，学习主体与学习内容的共通共感，显性知识与隐性知识的共同支撑，最终才能实现职业技术的深层次内化，帮助学生实现全面发展。

（三）技术知识综合化

与科学认知强调逻辑分析相比，技术技能活动更加强调系统的整合和综合。相比以往相对独立的工业分工体系，智能时代的技术认知过程具有更加突出的综合性和整合性，囊括了各种对象、结构、功能、方法等要素，这些要素按照系统原则不断整合，形成一个有效的整体以满足人们的各种需要，是心智技能和动作技能的综合，是理论技术和经验及技术的综合。各项技术发挥实效都需要多要素同时作用，良好匹配，充分整合，仍能保证实现特定的功能，达到整体上的优化。智能时代技术知识综合化的倾向体现在教育教学中，与传统职业知识的单一实践经验传授不同，技术知识是陈述性知识和程序性知识的结合，是经验知识和科学知识的并存，在理论中沉淀基础，在实践中完善内涵，逐步由单一知识掌握走向多元知识获取。在新的知识技术背景之下，对于劳动者来说，应该既能掌握和运用理论技术又具备一定的经验技术，既掌握熟练的操作技能又善于运用心智技能，具备较强动手能力和实践能力[2]。

---

[1] 迈克尔·吉本斯，等.知识生产的新模式：当代社会科学与研究的动力学[M].陈洪捷，沈文钦，等译.北京：北京大学出版社，2011.
[2] 翟向阳.论高职教育突出高技能人才培养的目标定位[J].职教论坛，2005(16)：17-20.

二、职业本科人才培养定位的内在逻辑

知识构成人才培养定位的内在逻辑,同时职业教育直接面向生产、建设和服务一线,这就使得对于职业教育人才培养定位的探索应该从职业发展的需求出发,比对新时期这些职业变化之下新的知识诉求,最终确定职业本科在类型、目标、层次、规格要求四个维度组合上的特殊性和必要性。

(一)职业本科人才培养类型:工程型人才

职业本科学校是职业教育的高层次,它在整个职业教育序列中占有的特殊定位是由其知识的特殊性决定的。传统职业教育培养的人才更加接近"知其然,不知其所以然"的应用型人才,而本科教育培养的是具有高深知识的工程型人才。在技术知识边界模糊的前提之下,职业本科所培养的人才应该是能够沟通事实之知和理论知识,概念、规律之知和规则、程序之知的工程型人才。工程型人才具有研究者和实践者的双重身份,处于知识链条的中游,其知识结构既包括基础科学的知识体系,也包括应用科学的知识体系。它们在掌握科学原理的基础上,具备将自然科学和社会科学领域中的客观规律转化为生产实践技术经验的核心能力。从工作职能来看,职业本科所培养的工程型人才并不直接进行微观操作,而是对于整个生产实践过程进行宏观设计和把控,以工程设计、工作规划、运行决策的形式开展工作,其工作对象既包括涉及管理生产、建设、服务等实践活动的具体对象,也包括诸如工艺水平的设计,工艺流程的监控,生产工具、机器、设备的运行与维护等抽象对象。

(二)职业本科人才培养目标:复合型人才

职业本科培养目标定位辨析问题归根结底是基于职业本科知识类型的定位问题,即职业本科教育所传授的知识在整个知识序列的特殊定位,这需要将职业本科人才同普通本科人才、传统产业工人的知识素养进行横向比较。相比普通本科院校的学生,职业本科所培养的人才应该具有"一专"。职业本科教育发展

的重中之重是专业人才的培养①。工业 4.0 时代的到来必然需要大批量区别于传统产业工人的"一专多能"的复合型人才,职业本科就是为满足这种高层次复合型人才需求而出现的。相比传统产业工人,职业本科所培养的人才应该具有"多能"。"多能"要求学生除了精通和掌握本专业岗位的主要知识技术,还要熟悉自身岗位群主要工种、不同设备的操作技能,从初级产业工人到专业产业工人、技术员、助理工程师、工程师,相关生产线上每一个岗位所要从事的工作和掌握的知识其侧重点都应该有所认识。"多能"还要求学生对相关专业工种的知识和技术也要有相当的了解,并具有运用交叉技术知识解决实际问题的综合技能。

(三)职业本科人才培养层次:高层次人才

确定职业本科在整个职业教育体系和高等教育体系中的定位,需要将其置于更大的教育系统中。一方面,职业本科教育基本特点是遵循高等教育规律的高等性,是建立在中等教育基础上的专门教育,包括高等职业学校的本科教育和普通高等学校的职业本科教育,职业本科人才所掌握的知识、素质和能力要求是逐渐从低阶上升到高阶的,与认知情感需求的个人成长、职业技能等级的新手升级到专家的逐层提升对应匹配,其高等性决定了序列高位人才的属性。另一方面,职业本科打破了入职业教育序列的中层限制,成为现有的职业教育体系设计中接续中职和高职教育的高层次教育,同时也为职业教育规划"职业专业硕士"和"职业专业博士"奠定了重要的学制基础,职业教育由此在制度层面出现了一体化设计的完整蓝图。换言之,职业本科在宏观的教育体系中处于上下连贯、左右沟通的核心位置。职业本科横向上沟通了职业本科和普通本科,成为高层次教育的交汇点;在纵向上,成为职业教育一体化设计的贯通点,是对于现有的职业教育体制上的重大突破。

(四)职业本科人才培养规格:规模适中

不同类型和不同层次的人才培养的规格要求应不同,必须区别对待,分类、

---

① 梁克东.职业本科教育的实践探索、发展瓶颈与推进策略[J].中国高教研究,2021(9):98-102.

分层地定位规格要求。职业本科招收规模过大,不仅会在一定程度上影响人才培养质量,导致职业本科培养出来的人才知识结构上不如普通本科、能力结构上不如专科院校,既缺乏职业意识和创业能力,也缺乏职业适应性和竞争力;同时会导致职业教育培养人才的结构失衡,折损了职业本科人才的特殊性和优越性,违背了职业本科的办学初衷。职业本科的人才培养过程中要坚持走"不求最大,但求最优,但求适应社会需要"[①]的内涵发展道路。随着我国产业升级,数字化、自动化技术迅猛发展,人才培养需遵循高起点、高标准、高质量的发展原则,精准对接科技发展方向和市场新需求,使本科层次的职业教育毕业生具备扎实的理论技术、掌握高超的技艺和精湛技能,在高精尖产业方面发挥好"领头雁"作用。

三、职业本科人才培养的变革路径

(一) 变革教育理念,将"全人"理念贯穿职业本科人才培养全过程

一是充实技术理论知识。尽管经验对技术的形成有重要意义,但随着"技术理论知识在技术知识中的比重逐渐增加"[②],传统经验知识积累已无法满足生产系统对人才的需要。职业本科人才培养需充盈学生技术理论知识在学习中的比重,根据技术知识特点转变技术理论知识习得方式,有利于学生更加精确全面掌握理论知识。

二是提高"可雇佣性"能力。"可雇佣性"能力是一种可持续发展的能力,即它能够促使雇员在劳动力市场中可以自由流动并能够持续就业[③],突出强调的是个体能够具备高度的主动性和前瞻性,能够识别行业和职业发展进程中出现的变化,并能够适应这种变化,把握职业生涯的发展机会。所以,只有具备突出"迁移能力"的"通用性人才"[④]才能够根据特定的岗位要求进行自我调适,始终

---

① 宗诚.职业本科教育发展路径探析[J].高等工程教育研究,2022(6):141-145.
② 王亚南,贺艳芳.高职教育学位体系构建争议的学理澄明及路径抉择——双轨制抑或三轨制?[J].学位与研究生教育,2019(9):34-42.
③ 田双喜,马跃如.大学生可雇佣性生成机理及其协同培养模式研究[J].湖南科技大学学报(社会科学版),2015,18(5):179-184.
④ 贾莉莉.如何提高应用型本科人才的"适用性"[J].大学(研究版),2017(Z1):36-43.

在行业、企业动态发展中居于优势地位和领先地位。具体到培养过程中，不仅能够满足岗位对于技能人才综合素质的要求，同时接触到前沿、先进的行业知识，能在适应技术发展的基础上有意识、有能力参与到核心技术创新与突破的过程中。

三是养成"匠魂"的职业素养。培养层面的"匠魂"可分解为德艺双馨和责任担当，是共性的、通用的优秀品质和个人素养在职业人身上的独特体现。职业本科需注重学生融道于技、持心公正的人文情怀养成，将高尚职业境界作为培养方向，逐步提升学生"立志、勤学、改过和责善"之素质[1]。

（二）变革教学体系，以数字化知识推动职业本科学科建设

一是数字技术为职业本科学科建设提供了新的趋向。数字化技术促成了职业本科能够基本实现共享、共担、共存、共赢四种服务功能，促成院校、企业等相关主体在这种新的常态之下长期联动与协作，加快了对口职教低端专业的淘汰速度，缩短了新兴专业建设周期，提高专业建设的效率。

二是数字技术为职业本科学科建设提供了坚实的技术支撑。"智能＋本科层次职业教育"体系的建构有助于用户打破封闭教学空间的限制，使人、机、技、艺的互联成为可能，同时这种互联促成了这三者之间的高效互动，具身性的知识生产、现实性的技术实训和一线的技术校正几乎可以以数字化方式同时进行，同步开展，实现资源共享与信息沟通最大化。

三是数字技术为职业本科学科建设提供了组织的保障。组织协同是技术协同、任务协同的重要前提。数字技术为所有参与超学科建设的主体提供个性化功能服务，行业和企业提出人才的战略需求，本科层次职业院校进行人才培养，政府等进行人才对接服务，这三方之间的数据、信息在数字技术平台上汇流，跨界合作、供需对话、反馈调整才有可能实现。可以说，数字化推动超学科的跨界融合，进而促成了核心技术知识的不断创新，加速职教课程内容和教材的更新，切实助力职业本科学科优化、质量提升、服务升级。

---

[1] 杜维明.一个匠人的天命[J].资源再生，2016(2):70-71.

（三）变革课程知识，以复杂性知识为核心构建职业本科课程体系

一是在课程内容上，强调课程内容必须包含相应领域的深入工程原理，包括完整的基本内容必须达到一定的深度和广度，还要囊括相应的思想和方法，并将其体现在具体的教学大纲中。将工程性的思维方式和职业实践需求与具体的知识教学糅合，关注情境化知识的习得，使学生置身实时或借助模拟实训参与任务完成，在和教师、同伴相互作用过程中学习技术及实践知识；帮助学生在学习的过程中潜移默化养成工程性的思维方式和基础的职业素养，为专业技能的学习奠定思维基础，养成独特的职业气质。

二是在课程教学活动上，以项目为单位展开教学活动设计。在项目学习展开的前期，主要由教师进行讲授，引导学生对于项目形成准确认识，教师精心设计讲授活动内容，有创造性、灵活地选择适宜的讲授方式。在项目学习展开的中期，主要以专题讨论、学生展示等活动为主。专题讨论活动主要是针对如何应用解决复杂工程问题所需要的工程原理和方法而专门开展的研讨活动；学生展示活动主要是针对复杂工程问题的解决思路、方法或方案等，由学生在课堂上进行讲演的活动。在项目学习展开的后期，开展教师解惑、师生互动。

三是在课程学业评价方式上，着重考察培养对象在原有基础上的成长、发展增值情况，设计本土化的本科层次职业教育学生发展指标体系和评估工具。通过连续的数据监测和指标评估，全过程、全面地了解个体的受教育过程，及时、反馈和解决问题，使学生的"学"和教师的"教"可视化，以可见的、显著的教学效果激发学生的学习主动性和教师的教学成就感。观念、教学和课程层面的系统变革，从根本上确保了本科层次的职业教育具有鲜明的定位和独特的优势，本科层次培养的职业人才能够适应职业、行业和市场需求，推动职业教育高质量发展。

第四章

职业本科院校教师发展体系构建

本章概要：

　　发展本科层次职业教育是新时代国家推进职业教育高质量发展的重要举措。在完善现代职业教育体系、满足高层次人才培养内在需求、不断提升教师发展内涵等时代背景下，本科层次职业学校教师发展存在着系统设计缺乏、教学实践能力不足、科研创新能力欠缺等现实困境。结合职业带理论及教师发展规律，需构建"四阶段五能力"递进式教师发展目标体系，为本科层次职业学校教师发展指明方向。

　　2019年至今，随着33所职业教育本科试点院校确立与发展，本科层次职业教育正式纳入了高等教育发展体系中，成为中国特色职业教育体系的重要组成部分。作为教育的直接实施者，教师队伍是支撑新时代国家职业本科教育改革的关键力量，教师发展是本科层次职业学校人才培养质量提升的重要保障。新时代背景下对教师提出新要求，本科层次职业学校教师应该掌握哪些知识结构、具备何种技能水平，才能适应新时代发展的需求，满足人才培养的需求？只有明确了这些问题，才能有针对性地构建教师发展目标体系，提升教师队伍整体素质，取得切实效果。

一、职业本科院校教师发展的时代背景

（一）完善现代职业教育体系的迫切需要

　　近年来，随着经济社会高质量、高速度的发展，产业结构逐步优化升级，新产业的形成需要有人力资本的支撑，因此对技术技能型人才提出新的需求。在此背景下，本科层次职业学校应运而生，职业教育需要提升教育学历层次，发展本科层次的职业教育是必然途径。

　　本科层次职业教育与社会经济发展具有良好的契合性：在办学主体、专业设置、师资队伍、服务社会经济发展等各个方面都需要改革与进步，体现出职业教

育本科所特有的属性和特征专业设置集中于社会经济、区域经济发展的重点产业和行业；所培养的技术技能型人才能够更好地适应生产实践一线知识理论和实践技能并重的要求；为经济发展和转型升级提供高层次技术技能型人才支撑。因此，本科层次职业学校急需加强教师发展研究，它能促进职业院校培养高质量的人才，凸显职业教育类型和特征，为经济社会的高质量高速度发展作出有效的支撑和服务。

（二）满足高层次人才培养的内在驱动

以往的职业带理论中，共有三种人才类型的划分：技术工人、技术员和工程师。然而，随着第四次工业革命的到来，社会经济发展、科学技术进步带来职业、岗位对知识理论和实践操作能力需求的巨大变化，形成了更为细化的职业带人才类型划分，如图4-1所示。

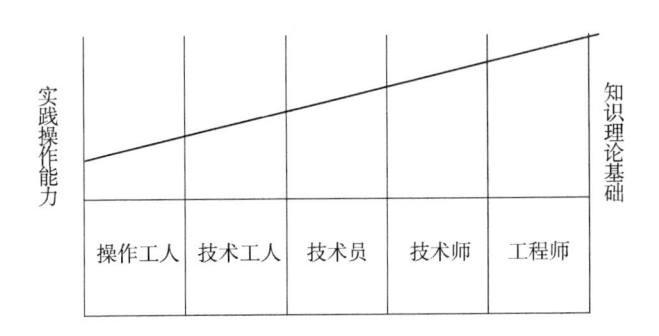

图4-1 职业带理论职业细分

从本科层次职业学校办学目标来看，职业教育本科所培养的高层次技术技能型人才对应于职业带中的技术员，而操作工人可由中职学校进行培养，技术工人可由高职院校培养，技术师则可界定为职业教育本科院校所培养的硕士层次人才。本科层次职业学校学生对应职业带中的技术员，从技术员的内涵来看，他们对知识理论基础和实践操作能力的要求比例相当，既要求具备较为扎实的知识理论基础，还应具有良好的实践操作技能，能够将所掌握的知识理论、技术技能进行熟练应用，从而适应生产实践一线的技术规程设计、工艺流程优化及设备设施维修和革新等工作。教师发展是学生专业知识理论学习、技术应用能力、实践操作能力培养的基本条件,基于本科层次职业学校学生的现实需要,本科层次职业学校教师发展内涵自然也有新要求。

(三)教师发展内涵提升的方向引领

"本科层次"决定了对学生的培养要达到和普通高等本科一样的人才培养要求;"职业教育"则决定了其本质属性仍然是职业教育,但本科职教不同于专科层次职业教育,它所培养的是具有较高技术领域的理论知识,同时能够应对我国产业技术升级和发展方式新转变的人才,进而满足产业转型升级对高端技术技能型人才的需求。

因此,职教本科教师人才类型定位应该以学生人才类型定位为出发点,进行设计和确定,那么自然应该定位为技术员或者技术师。教师应该在学生人才定位即技术员的基础上,比学生定位更加高,要尽量满足技术师的要求。技术师对知识理论的要求更高,需要具备扎实的知识理论基础及相应的实践操作技能,能够从事生产实践工作中的技术革新、工艺创新、管理决策、新技术研发与应用等工作。因而,建立技术以应用为目的、理论以技术为支撑、认知与实践相融合的教育理念,培养学生爱生活、懂知识、熟技能、为社会谋福利的正确价值取向,就是职教本科教师发展的重要内涵建设要求。

二、职业本科院校教师发展面临的现实困境

(一)教师发展缺乏系统设计

在数字化时代,可供学生学习的资源非常丰富,经济实惠的新技术已经能够让自主学习成为现实,教师不再是学生的唯一信息源。这对职业本科教师也是一种巨大的压力。职业本科教师亟须转变当前教学体系以适应新的时代。这就要求职业本科教师的教育要注重学生学习能力的构建,让学生花时间精力去了解自己的特征。然而,这样的背景下,除了最基本的教学工作量,科研工作和教学改革等繁重的工作占据了教师更多的时间;教师课堂教学评价表、教师教学质量评价表、科研单位对教师科研成果的评估等多种形式的考核评估使教师疲于

奔命，严重影响了教师专业化发展这一核心工作，教师发展的专业性不强，同时技能方面就会存在一些欠缺。职业本科教师自身掌握了很多知识，但是他们不知道怎样很有热心地去讲解课程，怎么样教学才能吸引学生，怎样才能教给学生思考的能力，从而影响今后的教学工作。

（二）教师教学实践能力不足

当前，相当数量的本科职教院校面临"双师型教师""信息化教师"师资力量短缺的问题。在对本科职教院校进行师资评估时，偏重于论文、学术能力、学历等学术指标，导致在引进教师时无法引入企业实践能力很强、但学历可能不满足评价标准的技术型人才，招聘的基本都是刚刚毕业的硕博研究生，这些人才往往实践能力不足，需要学校提供平台或者每年深入企业下场锻炼才能真正满足"双师型"标准。这种成长是需要时间的，不可能一年两年就会有很好的效果，教师在职业能力上提升缓慢，也无法敦促教师及时捕捉社会产业发展趋势，导致教师的技能不能够顺应当前产教融合的发展趋势。职业本科大多数是从高职院校升格而来，在技能积累上具有一定的先天优势，具有突破普通本科院校"重理论、轻实践"的条件，理应成为职业本科教师发展技能开发的引领者，为破解教师实践能力不足的问题贡献力量。

（三）教师科研创新能力欠缺

本科职教与普通职业教育的区别在于"本科"教育，这就要求本科职教院校的教师不仅需要是"双师"，也应该注重科研能力、信息化能力的发掘。当前本科职教院校缺乏科研奖励措施，导致教师科研转化能力较弱，这也是当前职业教育普遍存在的问题。职业本科教育教师科研能力应该体现在能否服务地方经济上，当企业遇到困难需要解决时，教师能够发挥出科研的能力，帮助企业经济效益的提升。想要提升当前职业本科教育教师综合素质，需要摒弃上述"唯学历论""唯论文论"的学术化单一评价，构建如"社会经济服务能力、教学科研转化能力"等指标，积极鼓励教师提升自身职业水平；注重教师职业技术水平的培训，开展一些校企合作项目，提升教师的科研转化和技术水平。

三、职业本科院校教师发展的体系构建

本科层次职业院校教师的发展不仅要关注教师群体的发展,也要关注到教师个体的发展。美国学者富勒(Fuller)认为,"个人成为教师的这一历程是经由关注自身、关注教学任务,最后才关注到学生的学习以及自身对学生的影响这样的发展阶段而逐渐递进的"。因此,富勒将教师的职业生涯分为:教学前关注、早期生存关注、教学情景关注、关注学生四个阶段。而学者伯利纳则依据专业知识与技能的差异,将教师从新手到专家的发展过程划分为五个阶段:"新手阶段""高级新手阶段""胜任阶段""熟练阶段""专家阶段"。

我国学者陈鸣鸣则认为,高职"双师型"教师专业发展有其自身特殊性,先后经历"关注生存阶段"、"关注发展阶段"和"关注幸福阶段",在不同阶段的关注重点不同,影响着教师的知识观、教学观和职业观。[1] 可见,在构建教师发展目标体系的过程中,首先,要将教师按教龄的长短划分到不同的发展阶段,阶段不同,目的存在差异;其次,要考虑教师的类型,比如公共基础课教师的发展目标应有别于专业课教师;最后,教师的发展过程是动态、连续的,因此在设定发展目标时要兼顾目标的延续性。

结合前面职业带理论下职业的细分、对本科层次职业教育教师人才类型的定位,本书将教师发展的阶段划分为"新手生存期""熟手发展期""能手带头期""高手分享期"四个阶段[2],并从知识学习能力、实践操作能力、技术应用能力、优化革新能力、区域服务能力五个维度设置具体的发展目标要求,构建"四阶段五能力"递进式发展目标体系[3]。

(一) 新手生存期

此阶段教师一般为入职 3 年以内的教师[4],有的是刚从职业本科毕业的硕

---

[1] 陈鸣鸣.高职教师的专业发展阶段特点研究[J].教育学术月刊,2009(5):32-37.
[2] 涂向辉.本科层次高等职业教育培养目标及其内涵探析[J].中国职业技术教育,2012(27):15-20.
[3] 刘庆华,张诗佳,路建彩.职教本科教师专业发展标准的建构[J].邢台职业技术学院学报,2021,38(3):1-4.
[4] 屈璟.教师发展:从本质预设走向行动生成[N].中国社会科学报,2022-06-24(4).

博研究生,有的是在企业有一定的工作经历后转行进入学校的人,他们的共同特点是对于自己能否立足本科层次职业院校没有把握,对于未来充满不确定。因此,对于他们来说,在这个阶段最关心的是如何快速融入学校的大环境,如何提高教学技能以尽快站稳讲台。

对于这一阶段的教师,无论是教学型还是教学科研型,他们的目标都是"先立足"。因此对于他们的发展目标,从知识学习能力来说,此阶段的教师学习能力是最强的,要积极完成教师发展中心安排的系统的教育教学培训、掌握教学理论与教学技能,在他人的指导下胜任基础课的授课工作。对于教学科研型教师来说,还应积极考取与专业相关的职业资格证书,投入企业实践中,虚心向企业的专业技术人员学习实操本领,要具备一项实践操作能力。

（二）熟手发展期

此阶段教师一般为入职 3~8 年教师,经历了入职初期的磨合,教师已经了解并熟悉自己所从事的本科层次职业教育教学活动,具备了较强的实践操作能力。因此,在这个阶段他们更注重如何有效把握完整的专业知识结构体系,如何在教学过程中融入形式多样的教学方法,推动学生开展有效的深度学习。同时,他们也开始更加关注自己的职称晋升通道。

对于教学型教师,虽然所授课程较为单一,但是在新时代背景下,仅凭单一学科的有限知识,是难以应对本科层次职业院校的教学工作的,尤其是实践教学。因此,在此阶段应积极参与更深层次的教学理论与教学技能培训,尝试从教学设计、教学实施等方面着手,提升课程的教学效果。在发展期结束时,教师要能够独立完成课程的授课任务,要能够组织并指导学生参与社会实践活动。对于教学科研型教师,除要达到上述目标外,还要满足在阶段末期能够独立完成专业核心课程的授课任务,对于实操类课程要能够独立指导学生完成实践操作；具备指导学生参加技能大赛的能力；到企业体验更为全面的岗位工作,掌握企业工艺流程的操作方法,将技术运用到教学任务的设计中去,让学生能够有切实的工作体验。

(三) 能手带头期

此阶段教师一般为入职 8~15 年的教师,已掌握丰富的教学理论和教学方法,教学效果突出;有丰富的实践经验并善于将企业一线岗位工作或社会实践活动与教学有机结合;多已评聘为较高级别职称。因此,在这个阶段他们可能更需要掌握专业前沿知识,有一定的课程开发设计能力或科研能力。

对于教学型教师,此阶段要具备带领团队对课程进行优化设计,主持建设精品课程的能力;要具备参加教学能力大赛的能力;要具备指导新手教师帮助其顺利完成教学任务的能力;要具备主持省级及以上课题的科研能力。对于教学科研型教师来说,除上述发展目标外,还应具备带领专业团队一起,系统设计或优化专业人才培养方案的能力,统筹设计与实施各门课程的能力;具备指导学生参加技能大赛的能力;对企业的某项典型工作流程进行改善的优化革新能力;和地方企业一起,运用校企合作平台、科研平台申报课题、创新项目的区域服务能力。

(四) 高手分享期

此阶段教师一般为入职 15 年以上的教师,已成为素质全面、理论扎实、技能娴熟的教学高手,有着自己独特的教学风格和特色;在专业方面已有稳定的研究方向并且在地方具有一定的知名度。因此,在这个阶段他们可能会不断反思自身的教学与科研工作,进一步扩大其专业影响力,发挥自身余热,避免职业倦怠。

对于教学型教师,此阶段应具备指导专业团队进行课程开发的能力;具备带领团队建设省级及以上精品课程的能力;具备指导其他类型教师参加教学能力大赛的能力;具备主持教学专题讲座对其他类型教师进行培训的能力。对于教学科研型教师,除具备上述能力外,还应具备根据地方区域发展特点,对人才培养方案进行优化的能力;具备带领教师团队指导学生备战技能大赛的能力;具备对企业的生产工艺进行优化升级、流程再造的优化革新能力;具备指导专业教师团队解决企业新产品、新技术创新难题的能力,以更好地服务地方区域经济发展。

本科层次职业教育兼具职业教育和高等教育双重属性,层次的提升对教师发展提出了更高的要求。培养出优秀的职业本科发展师资，不仅要强调教师"育人"的工具价值，还要从教师"育己"的角度出发，推动教师发展在"为人为己"中实现价值协调，切实回归到教师发展的本真原点，在行动生成中实现自我身份超越。因此，应结合教师所处的不同阶段，构建更符合本科层次职业院校的教师发展目标体系，以行动生成的教师发展理念超越以往教师专业化发展逻辑，以推动教师高质量发展来更好应对教育高质量发展阶段的新挑战。

第五章

职业本科专业教材建设的
理论建构与实践探索

本章概要：

职业本科教育是产业转型与教育普及的大背景下应对我国人才供给结构失衡困境，调和人才"层次"和人才"类型"的双重矛盾的必然选择，职业本科专业教材建设迫在眉睫。由于培养方案和专业课程建构滞后、职业本科专业知识的复杂性、专业教材管理和服务不到位等原因，当前职业本科专业教材的职业适切性、知识独创性和主体协作性有待进一步提升。探索高质量职业本科专业教材建设实现路径，应该坚持能力本位，由职业知识转向技术知识；坚持实践导向，由直线式静态教材管理转向圆周式动态治理；坚持协同创新，由编用分离转向编审发行全过程多主体统筹推进。在实践层面，依托培养方案和课程开展教材研究，解决教材的职业适切性问题；聚焦职业本科的专业特性，解决教材的知识独创性问题；创新专业教材配套管理制度，解决教材的主体适应性问题。

2021年4月，习近平同志对职业教育工作作出重要指示，明确提出要"稳步发展职业本科教育"。同年12月，教育部办公厅印发《"十四五"职业教育规划教材建设实施方案》，要求遴选建设一批高职本科教材，打造高起点、高标准建设中国特色高质量职业教育教材体系。职业本科教育正式从理论构想成为实践[1]，并将在"十四五"时期走向稳步发展的新阶段[2]，教材建设成为职业本科办学实践中重要、紧迫的挑战。同时，从实践层面来看，职业院校的教材建设和管理存在着不容忽视的质量问题[3]，"教什么""怎么教"等诸多基本问题亟待廓清和解决[4]。明确当前职业本科专业教材的使用现状，在理论和实践层面建构起能够支撑职业本科教育稳步发展的教材体系，是明晰职业本科教育与其他类型、层次

---

[1] 杨欣斌. 职业本科教育人才培养模式的思考与探索[J]. 高等工程教育研究，2022(1):127-133.
[2] 王亚南，戚建飞. 职业知识论视域下职业本科教育人才培养定位的实证研究[J]. 职教通讯，2022(1):21-29.
[3] 石伟平. 提升职业院校教材质量的关键路径[J]. 教育研究，2020,41(3):18-22.
[4] 李政. 职业本科教育办学的困境与突破[J]. 中国高教研究，2021(7):103-108.

教育区别的重要前提,也是职业本科教育存在及其发展的合法性基础[1]。

一、当前职业本科专业教材建设存在的问题及缘由

课程标准的制定,教材的编写、审核、选用与评价都是某种特定的教育类型合法性得以确证的具体实践,职业本科专业教材建设是职业本科教育不断合法化的实现形式。[2] 职业本科专业教材建设现状是了解当前职业本科发展现状的重要抓手和今后进行职业本科教材建设的重要指向标。

(一) 当前职业本科专业教材建设存在的问题

新技术、新业态、新产业、新体系的"四新经济"发展迅猛,产业转型升级步伐加快,新一轮产业变革和科技革命迅速兴起。另外,以人工智能、大数据、区块链等为代表的信息技术发展极大地改变了工作的性质,推动了职业更迭,重塑了劳动力市场的需求层次及需求类型,对技能结构单一的技术人才就业带来挑战[3]。这些挑战具体落在职业本科教育上,就要求职业本科教育具有较高的职业适切性、知识独创性和主体适应性,这也是当前职业本科教材使用中存在的问题。

职业适切性不足。职业教育的教材是按照工作过程系统化的课程结构,从对封闭的基于存储与传递学科专业知识的教科书的解构与重构之中,走向开放的涵盖课程标准(教学计划、教学大纲)的整体的教学资源建设上来[4]。职业本科专业教材建设始终需要伴随课程建设而留下印记,课程建设又随着职业的工作任务与工作过程而生生不息进化。职业本科的教材基于职业技术体系和产业体系而非学术体系来开发建设,能够符合职业技术的发展顺序,针对具体职业岗位的特殊要求,具有较强的基础技能、岗位组织领导能力、技术研发和创新能力和较强的综合职业素养。在职业面向上,职业本科教育主要面向行业产业的高

---

[1] 国家教材委员会.健全教材管理制度 开创教材建设新局面(笔谈)[J].教育研究,2020,41(3):8.
[2] 郝志军.教材建设作为国家事权的政策意蕴[J].教育研究,2020,41(3):22-25.
[3] 徐晔."双向需求"分析框架下我国职业院校教材适应性发展探究[J].教育与职业,2021(22):63-68.
[4] 姜大源.职业教育:课程与教材辨[J].中国职业技术教育,2008(19):1+13.

端领域培养人才,成为引领服务产业基础高级化、产业链现代化、建设现代化经济体系的生力军。当前职业本科专业教材存在着明显的职业适切性不足的问题,根据职业教育的课程对象不同,分门别类、分层分档的教材体系尚未建成。尤其对地方本科院校转型职业本科的学校,会基于制度惯性等沿袭传统的精英主义人才培养体系,在原本的本科教材基础上增设一些浅层次的职业类的教材,不仅在教材类型上难以与职业本科的定位相匹配,而且由于师资队伍等各方面原因在教材使用过程中存在使用无效和监管缺位等各种问题。教材职业性缺乏一方面导致理论和实践脱节,学生的"看中学""练中学""模拟中学""游戏中学"成为假把式,真实生产项目、典型工作任务等设计教材难以产生实效;另一方面导致职业本科专业教材的权威性、全面性和时效性大打折扣。

  知识独创性不足。合格的教材是有针对性的[1],根据学习者的层次定位和要求可判定职业本科专业教材需要具有较高的独创性。职业本科专业知识必须是植根于职业需求的高阶系统知识,如兹纳涅茨基在《知识人的社会角色》中提到的,"为了竞争职业角色而在学术学院获取的知识是无用的,但是,如果那些讲求实际的人始终按自己的意愿去做,那职业教育就会停留在中世纪工匠阶段"[2]。职业本科的出现是为了顺应产业转型升级的需求,这意味着职业本科培养出的"技能精英"要能够更好地融入产业从价值链的中低端向中高端攀升的过程,更加从容地应对技术、工艺与规范的高速发展。因而,区别于其他类型的教育,职业本科教育在知识面向上倾向于中观层面的技术知识;区别于其他层次的职业教育,职业本科在知识面向上倾向于理论知识占比更高,是内在结构更加复杂、更加动态灵活、理论与实践结合更加紧密的高层次的职业知识。反观现实,职业本科并没有独立的教材,并且由于当前的职业本科是以高职升格而成的本科院校为主体,笔者了解到部分职业本科所采用的仍是职业专科或高职院校所用教材,难以满足职业本科独创的知识体系要求。从知识的连续性来讲,只关注某一过程或特定阶段,缺乏对于整个工艺流程、全部工作任务、核心技术技能的

---

[1] 段远源,冯婉玲.研究型大学教材建设相关问题思考[J].中国大学教学,2008(12):80-83.
[2] 弗洛里安·兹纳涅茨基.知识人的社会角色[M].郑斌祥等,译.南京:译林出版社,2000.

知识；从知识的深度来讲，缺乏对于工作任务的联系性、能力的递增性的考虑，技术知识的内在逻辑性有待进一步深入；从知识的综合性来说，技术与知识跨界融合不足，理论与实践的整合有限，对于学生的技术集成创新能力的培养较为薄弱。知识层面的简单挪用、套用带来的后果是职业本科培养出的学生虽然具备一定的专业性和熟练性，能够符合特定门类特定岗位的需求，但是难以适应更高层次的、复合性、开放性和迁移性的岗位要求，难以体现职业本科的差异性优势。

主体协作性不足。《职业院校教材管理办法》中明确提出"职业院校教材实行单位编写制"，但多主体参与办学实践是职业本科教育的题中之义，相关学科专业领域专家、教科研人员、职业本科一线教师、各行业企业技术人员和工匠等协同创新是必然之选，只有通过产教融通、技术技能创新等渠道推进的教材建设才能长足地为职业本科人才培养服务。在教材使用上，职业本科的教材开发和使用都应该是一个开放型的体系，学校、企业围绕项目或产品，展开案例教学与任务驱动教学为主的教材使用，形成跨学科、跨技术、跨理工人文的高服务效能的教材体系，避免受普通学术教育教材体系的影响，落入"知识本位""学科体系"的窠臼，以学科知识体系分类搭建专业体系。但现阶段，多元主体参与教材开发设计仍处于初步发展阶段，参考"教育部职业技术教育中心研究所针对首届职业教育和继续教育精品教材的评选结果"可知，获奖教材主编、副主编所在单位类型集中在职业院校和大学，来自研究机构的教材不足3%，来自各类型企业的教材不足8%，多元主体参与不够，协作不足。有少数教材为职业院校自编或个人著述，没有吸收不同领域专家参与教材编写。有的教材没有相关企业技能骨干和技术能手参与，导致教材及其配套资源与真实企业岗位脱节[①]。

（二）当前职业本科专业教材建设存在问题的缘由

教材是学校教育教学的基本依据，是解决培养什么人、回答怎样培养人这一

---

① 曾天山，荀莉，刘义国.职业教育和继续教育精品教材的共同特征与建设重点——基于首届国家优秀教材奖的情况分析[J].课程·教材·教法，2021，41(10)：33-41.

系列根本问题的重要载体。挖掘当前职业本科专业教材良莠不齐，甚至出现部分院校无教材可用现状的背后缘由，对症下药，才能解决当前教材建设中存在的根本问题。

上层建筑层面，培养方案和专业课程建构滞后。首先，未精准锚定培养目标。本科层次职业教育与应用型本科的培养目标同为培养应用型人才，需充分体现不同教育类型在相同层次上培养目标的差异性；本科层次职业教育与专科层次职业教育培养定位同为培养技术技能型人才，需充分体现专科和本科层次的差异性。其次，缺乏实战经验。职业本科院校尚无可参考的成熟体系或发展路径，对类型发展没有长远周密的战略规划，无法充分反映职业教育类型的社会功能和教育功能融合，对于独特价值使命及办学主体等问题也始终未形成共识。故在此基础上职业本科培养计划愈显不匹配，课程设置和培养体系无法根据职业本科定位来设置，掺杂了许多其他各种样态的元素，直接影响教材准确定位，缺乏针对性。职业本科教育课程的特点本是融合学术性与职业性，关注理论课与实践课并重。价值取向是工作过程性知识的掌握和实践能力的养成，从工作需要出发，以技术活动为主线[1]，而本科职业院校在课程设置上一旦偏离此道，与现实脱节，也会影响到随之跟进的教材建设的适切性。

本体编写层面，职业本科的专业知识本身具有一定的复杂性。职业本科教育以培养"对智能生产系统拥有'全局意识'的应用型人才"[2]为目标，专业课程体系是以技术知识应用为主、经综合性构建生成。从"工业革命1.0"到"工业革命4.0"，技术升级给劳动者带来了新挑战，工作范围扩大，工作内容更加多样，对技术知识有了更高层次、更加复杂的要求。从知识来源上看，职业本科是以技术知识占据重要部分的职业知识与实用知识，传授"情境化"的理论知识[3]；从知识结构上看，职业本科包括高层次的技术理论知识与技术实践知识，经验层面知识比重下降；从知识生产目的上看，职业本科以"改造世界"为倾向性，在多变的

---

[1] 赵喜文.论职业本科教育的课程建构原则[J].西北成人教育学院学报,2015(2):17-19.
[2] 石伟平,兰金林,刘笑天.类型化改革背景下本科层次职业教育发展的困境与出路[J].现代教育管理,2021(2):99-104.
[3] 王亚南.本科层次职业教育发展的价值审视、学理逻辑及制度建构[J].中国职业技术教育,2020(22):59-66.

世界中毕业生需具备多样化知识储备进行创新设计;从知识性质上来看,职业本科知识有其特殊性,与其他教育类型的普适性知识有差异,因职业世界存在不同类型的职业,教学内容、教学手段不尽相同。此外,为实现技术技能应用型人才培养目标,不仅需要纯粹的技术知识,还需掌握企业制度、管理水平、设备资源等非技术知识[①],如设备操作经验、企业规章、行业标准等。简言之,职业本科专业教材需要整合技术知识与非技术知识,遵守职业教育教学"行动体系"框架,强调典型职业知识与职业行动融合,面对如此复杂的知识体系,作为知识载体的教材在编写上具有一定困难。

基础保障层面,专业教材管理和服务不到位。教材检测反馈机制缺乏,教材使用跟踪测评难以落实。如在实际使用教材过程中,经常性发现漏字错字或插图错误等问题,一定程度上损害了职业本科教育高质量的权威性。首先,职业本科专业教材编写队伍缺乏准入制度。高职院校对于教师队伍教材编写管理松散,许多经验不足、实践技能生疏的编者涌入编写队伍,将同类教材内容东拼西凑,与本科层次的职业教育高质量高精品差之甚远。其次,职业本科专业教材尚无专门教材建设委员会成立。委员会应由行业企业专家、职业技能鉴定机构人员、教学专家和本专业经验丰富的教师组成,负责本校专业课程教材的编审、评估和研究工作。最后,教材检测反馈评价不及时。教材质量如何,最有发言权的是教师和学生,职业本科院校对于教材适用度、教材选用、教材评价并没建立畅通渠道予以倾听。

二、职业本科专业教材的理论建构

职业本科是职业教育向高等教育领域迈出的重要一步,是职业教育承担起高等教育普及的示范性探索,对于提供更高端的职业人才储备具有不可忽视的价值。在这个阶段,针对职业本科专业教材使用中存在的问题进行靶向施策,确

---

① 鄢彩玲.本科层次职业教育的定位、内涵与发展策略——基于技术哲学视角的分析[J].职教论坛,2021,37(10):33-37.

立职业本科专业教材建设的理论原则,强化职业本科教育的生命力和实效性既是实践推进所需,也是理论发展所需。

(一) 坚持能力本位,由职业知识转向技术知识

教材是培养体系的重要一环,不同的培养体系之下,教材应该有显著的差异。本科教育尤其是当前的研究型大学脱胎于传统的古典教育,其培养体系是典型的精英主义培养体系,以理论学习为主,以知识的创新和前沿探索为其教育使命,因而,教材的知识属性是首要的。作为职业本科专业教材,准确把握技术知识逻辑对于职业本科培养目标具有引导性,也直接影响到专业课程建构以及教育教学质量。目前,职业教育知识观处于主导地位的仍然是职业知识,各高职院校的专业课程、教材体系开发与建设方面都有所体现。如此标准化、机械化的知识体系使得学生在面对工作世界时导致思维定势和技术功能固着,主体性地位缺失。教育部在对21所成功升格职业大学的批复函中,明确要求其培养"高层次技术技能型人才"的目标定位,职业本科专业教材的知识逻辑也应该逐渐从非线性思维和非认知技能转化,即从关注"实践经验"的职业知识向关注"能力本位"的技术知识转型。

其一,技术的作用决定转型的重要性。面对工业4.0时代,先进技术的作用日趋凸显,并与过去技术需要有着明显差异。当今世界,"重要的不仅仅是信息、知识、关于知识的知识和所谓的技术技能,而是创造附加经济价值的知识技能"[①],技术知识将会打开职业本科知识建构的新主题,实现技术创新发展的新路径,满足学生可持续发展的新需求。其二,"技术知识"的高等性支持转型的合理性。布莱恩·阿瑟认为技术具有层级结构和递归性两种特征,所谓递归性是先把复杂的问题逐一递推,直至呈现出比原问题更加简单化后再进行回答,然后再逐一返回依次找出原问题的复杂的答案,而"技术知识"就是在逐一解答问题的过程中逐步化解,复杂、高深的体系得以建构。因此,"技术知识"的层级结构

---

① 尼科·斯特尔,达斯汀·沃斯.知识、知识技能和教育[J].北京大学教育评论,2020(3):130-144+191.

以及递归性决定了其同样具有"高等性"特征,支撑职业本科教育知识体系的完善和发展。其三,教育的价值取向引导转型的方向性。职业本科教育的价值取向是"面向生产、依据职业需要整合技术、重视物化技术对人的塑造与培养的职业性教育"[①]。职业本科专业教材知识体系需要根据技术应用的综合性来建构,继而根据技术应用的实践性开展教学过程,具备完整的技术行为规范与准则,使学生成为合格的新一代技术人员。

(二)坚持实践导向,由直线式静态教材治理转向圆周式动态治理

教材建设的导向是教材建设的"魂",确立导向,对于教材建设进行系统设计和统筹规划能够引导教材建设朝着确定的、一致的方向行动,是教材建设的基本理论问题之一。

常见的教材治理的体系包括直线式、圆周式和螺旋式。直线式教材建设指的是教材建设者按照确定的教材规划,围绕一条确定的逻辑主线,逐层递进,在过程中不断强化、深化和固化教材内容的过程,整个教材建设是呈直线式推进。圆周式教材建设虽然有较为清晰明确的规划,但是整体的工作推进式以基本概念为核心呈现圆周式扩散,在教材内容上更加广阔,在教材建设组织形式上更加自由[②]。与学术性本科、应用型本科不同,职业本科最初的人才需求定位就是围绕确定的产业展开的,职业本科的毕业生应该满足产业发展的需要,能够迎合特定行业、岗位、特殊群体的动态变化的要求。因此,职业本科教材应该坚持实践导向,由一般直线式静态教材管理转向圆周式动态管理。

坚持实践导向要求在当前的职业本科专业教材建设上,以实践需求为中心。首先,应该做到内容科学、动态使用,做到教材建设内容上纵横贯通。依据专业类别,与行业企业专家等协同确定教育的"圆点",围绕圆点整合技术等级和人才标准等诸多要素进行圆周式的拓展,科学界定专业教材的内容。其次,以行业发展的实际情况为参照,积极对接国内和国际先进、前沿的职业教材。以先进的职

---

① 鄢彩玲.本科层次职业教育的定位、内涵与发展策略——基于技术哲学视角的分析[J].职教论坛,2021,37(10):33-37.
② 李辉.高等农业教育教材建设效率评价及优化研究[D].咸阳:西北农林科技大学,2010.

业技能理论指导教材整体教育教学活动安排,在实践中检验教材,在实践中进一步修订教材。最后,适应职业本科学生的实践学习情况,开展工学结合,通过项目学习、案例学习、见习真实生产项目、参见典型工作任务等方式多样化地使用教材,尽可能地吸引学生挖掘教材的最大价值。

(三)坚持协同创新,由编用分离转向编审发行全过程多主体统筹推进

职业本科学校在职业教育谱系具有独特的合理位置和办学定位,坚持协同创新的原则意在强调在职业本科专业教材的建设主体上,应该由传统的编用分离转化为编审发行全过程中多主体的协同参与、统筹推进。这既是现代教材观的一种重要转向,也是职业本科这种特殊定位的一种要求。

教材原本的定位是教师组织教育活动的依据,因而教材以满足教师使用的便利为首要诉求,更多的是为教师的教学活动而非学生的学习活动而设计的,教材是教师视角下对于教育内容的组织。赫尔巴特首次将教材的使用价值置于突出位置,认为教材的根本目的在于帮助学生获得知识,帮助学生更好、更容易、更彻底地理解知识。因此,教材应该是围绕知识本身的逻辑顺序展开,以知识内在的逻辑推进学生的认知活动,在此教材观的影响下,教材的编制更多成为专家学者的责任,学科专家成为教材编制的主体。实用主义代表人物杜威对于以知识为中心的教材提出了不同的意见,认为学习的过程是以学习者自身的经验为起点的,因此应该以学习者为中心,组织符合学生经验和兴趣的活动为课程,以综合类的活动为主要形式展开教育,但是在实践层面并未得到深刻的认同和执行。随着现代教育制度的不断完善,教材的编制、审核和使用进一步分离,编审用分离成为常态。在当前职业院校里,虽然单位是教材编写的主体,但实际上这一工作往往还是由各领域的专家学者承担。

具体到职业本科上,职业本科教育培养的是各行各业更加高端的技能技术人才,这其中不仅是简单的技术操作,更多是学科知识和技术原理、技术实践知识的融会贯通。这些知识的融汇更多以默会知识和个人知识的形式存在,这就要求教材必须具有更强的开放性、先进性、实践性,这也对教材提出了更高的要

求,编审用分离的教材编写显然不能满足这一要求。职业本科专业教材要求在编审发行全过程多主体统筹推进,在制度层面要不断进行平台和合作机制的创新,通过多种形式的、长时段的、自由组合的形式促进相关主体共同参与到教材建设的过程中来。学科领域的专家、职业本科院校的一线教师、教研人员、行业技术人才、一线工匠都应该参与到编审发行的过程中。在教材的编制阶段,专家学者负责基础知识、技能部分,教研人员负责知识的组合、呈现,行业技术人员则将前沿的、实用的技能技巧融入其中;在教材的审核阶段,以国家教材审核意见为最高导向,多主体各居其位,表达意见,树立一个更严格、更科学的筛选审查标准;在使用阶段,时刻监测教材的具体使用情况,了解学生的反馈,以行业企业的标准去审查教材的实际效果。唯此,才能真正打造一批有理有实有深度的职业本科专业教材,真正满足本科层次培养特色的需求,突出高层次职业技能和职业素质的培养诉求。

三、职业本科专业教材建设的实践探索

在"十四五"时期,职业本科教育得益于一系列的利好政策,将实现从试点探索到稳步推进的新征程。这就要求职业本科教材建设不仅要在理论上有所突破,在实践层面也要对于当前存在的问题做出积极回应,靶向施策。具体而言,就是要基于科学理念引导教材建设,解决教材的知识独创性问题;要依托课程层面研究教材建设,解决教材的职业适切性问题;坚守特色创新推进教材建设,解决教材的主体适应性问题。

(一)依托培养方案和课程开展教材研究,解决教材的职业适切性问题

专业教材立足于产学研相结合协同育人而建设,通过职业本科高质量人才培养、企业提升员工业务理论水平以及培养工程创新能力共同而为之。产学研能够将主体之间的优势资源最大价值化,是聚同化异的系点,足够彰显职业教育的育人文化观,它将各种教育教学资源整合,深度共建与共享,以此来满足职业

本科教育人才培养的目标。职业本科专业教材应该先在校内经过咨询委员会研究讨论后进行专业规划,提出新课程建议,继而向工商界及政府征询意见。在整个新课程构建阶段,需要及时掌握本院校新课程满足社会需求的情况,符合职业本科服务当地经济的角色定位情况,课程所需的教育教学资源能够合理匹配情况,职业本科院校有足够经费投入建设、足够专家支持新课程,外聘专家是否容易招入等情况。换而言之,专业教材建设作为职业本科院校专业课程建构的核心内容,需以产学研结合作为指导方向,更需根据学生的认知特点、能力发展,以及社会需求共同提出的客观要求进行教材建设。

教材建设思想上,在理论课程的教材建设中全方位满足职业本科人才培养需求、行业企业提高业务能力水平发展要求,保持基础理论的扎实性、系统性和先进性;在实训课程的教材建设中,正确处理"教与学""学与用""用与研"的三者关系,保持实践知识的科学性、实用性和前沿性。教材形态上,专业教材需要立足职业本科院校人才培养目标不断创造更新。如许多职业院校尝试采取图文并茂、形式多样、取放方便的活页式或工作手册式形态教材。随着智能教育的跟进,融媒体教材也逐渐开始盛行。教材编写上,引导地方区域除了积极参与建设国家规划教材外,引导其进行区域特色教材的编写和规划。如果本院校的专业有其特殊性,国家或省级教材无法满足教学需求时,可积极鼓励职业本科院校自己编写具有特色的符合实际需要的专业教材。教材管理制度上,需健全教材的分类分层审核制度、抽查检验制度以及退出撤销制度,遴选一些具有代表性的校企合作共同研发的职业本科专业教材,保证国家、省级抽查教材比例不能低于一半,确保职业本科专业学科所使用的是最近跟进的教材版本。教材内容编写上,确保实践类专业课程使用的教材以适应问题、解决问题的操作实训为主线,把创造思维训练、技术知识体系与工程实践能力迁移融合体系而成,能够使学生掌握在生产领域解决实际问题的能力和教学效果,能够保证在"做中学"中理解应用技术知识,掌握综合分析问题的能力。同时,在内容编排上,应该适当放入对应案例,将抽象化知识转为形象化故事。

（二）聚焦职业本科的专业特性，解决教材的知识独创性问题

聚焦职业本科的专业特性，是在知识变革的大背景下对于知识独创性缺失问题的积极回应。在实践中，需要基于职业本科特定的人才培养诉求、当前职业本科生源学情、职业教育教学规律等多个维度，对专业教材知识进行重新组织。现代学科发展呈现出既深度分化亦高度综合的明显趋势，学科与学科间主要以体现综合性为主，纵横交织，巧妙贯通融为一体。"人工智能之父"和框架理论的创始者马文·明斯基认为，如果想了解某一样事物的含义，就要看是否能将有关系的其他事物串联起来，仅仅用一种单一的方式了解它本身是不可能做到真正了解的。通过把相关的其他事物联系起来后，将想法内化于心，从不同角度多方面看问题，找到最适合自己了解事物的解决路径。如此，正是学科间知识整合的最大价值，也是教材建设所需要具备的融合要素。

职业本科专业教材建设不能忽视其他学科的相关度，不仅仅局限于单一的学科知识体系，而是以跨学科的综合性思维建构交错渗透的专业教材，使学生在专业课程中能够拓宽不同学科内容容量，培养学生综合应用技术知识的能力，学会在工作环境中利用融会贯通的理论基础知识和实践方法，采取灵活性创新思维积极面对任务和困难。在职业本科教育教学中，专业教材建设是为了实现学生个性化因材施教，根据学生的兴趣和前期知识储备进行跨课程、跨学科自主选修，实现职业本科的复合型人才培养目标。与此同时，在多学科背景下，行业企业、政府、院校整合互补性资源、均衡各方优势，为实现三方协同创新提供有力保障。科学性的专业教材所培养的学生可获得为工艺提出基础和解释的科学原理的知识结构，而非被传授在工作世界习得技能运作和细节的能力。那么，究竟如何实现专业教材建设的科学性？

第一，实现时代性演进。知识是一个生长性的过程，每一个新的知识点都是从知识生长点中衍生而来，故必须加强教材建设理论研究，时间上缩短教材编写、修订的周期，空间上增加教材建设的留白处保证弹性，使专业教材能够与知识的延伸点契合，保持变化更新，与时俱进。第二，实现关联性延续。知识是一个延续性的过程，新知识与旧知识之间总存在必然的关联度。故专业教材在组

织知识架构时,需要适当将前面习得的旧知识重复呈现实现螺旋式上升体系,作为新知识获得的底层支撑实现同化和顺应,保证教材内容间的关联性延续。第三,实现发展性深入。知识一个不断深化的过程,通常情况下,学生想要习得新知识,往往需要基于前期知识并通过反复实践进行习惯化的深入应用才能够正确掌握。专业教材建设需要考虑前后章节内容的发展深度,前面章节需为后面内容打下坚实基础,后面内容需是前面章节进一步的深度发展。第四,实现整合性体系。知识自身是具有复杂性和统一性的,凭借不同划分依据,有默会知识和显性知识,有公共基础知识和专业基础知识。职业本科专业教材为了实现跨课程需将不同学科教材中的知识内容进行适度融合,建构合理化的知识布局以完善整个教材体系。此外,专业教材中应将职业本科的特殊性规律、学生个体发展规律、教育教学规律以及行业企业的发展需求统一整合,融入其中。

(三)创新专业教材配套管理制度,解决教材的主体适应性问题

以高新科技为依托的现代产业对于劳动力提出了更高的要求,职业本科教育归根究底就是对于这种高端职业人才劳动需求的响应。通过职业本科教育培养出来的人才不仅要能够从容应对行业产业中的技术更新,甚至要成为高科技的引领者和创生力量。职业本科专业教材作为职业本科教育办学中最基本、最重要的内容,是培育高端、创新职业型人才的重要保障。坚守特色,创新推进教材建设,对于解决教材主体适应性问题的重要性不言而喻。

创新转化前沿理论,精准匹配学生兴趣。相比其他类型的职业教育,职业本科的教材不仅是经验技术的总结,也是前沿科技、理论的重要载体。一方面,要通过对于前沿理论的创新转化,确实打造一批具有先进水平、处于技术前沿的教材。通过向学生呈现更加系统的基础知识、更加完整的知识链、更加先进的技术技能,激发学生的学习欲望,摆脱传统的职业教育"低人一等"的刻板印象,提高职业本科学生的学习积极性,帮助学生树立高远的职业理想。另一方面,要以更加为学生所接受的形式呈现。精准匹配学生的兴趣,充分了解当前学生乐于接受的教材内容和知识组织形式,吸引学生主动去学习,引导学生自发地进行探究,为学生的能力培养打好基础。

创新转化职教积淀,传承中国工匠精神。职业本科是职业教育的形式创新,其内核还是职业教育,中国有悠久的职业教育传统。职业本科专业教材中应该呈现这些深厚的职教文化,与当前的文化潮流对接,实现职教文化的创新转化,培养一批具有中国工匠精神的职业新面孔。具体而言,在教学内容的策划与编排上,应突出体现现代技术与传统文化的相互渗透和促进。不仅要通过文化精神的激励,促进学生知识的迁移,在学习的过程中能够举一反三,激发学生创新能力,而且要以知识的创生促进更深层次的认同,培养职教的认同感,树立中国工匠的使命感。

创新转化实践经验,对接世界发展前沿。立足中国特色、着眼世界水平,是高等学校教材建设的两个基本面向,尤其是中国高等教育已经站在了高质量发展新时代的历史方位上,我们的教材必须有国际视野、未来意识、世界水平[①]。职业本科专业教材应该对接当前科技发展的新趋势和产业新变化,在教材进行使用的过程中也要不断反思总结教材的使用情况,在使用中完善和优化。教材在内容上应该不断对照实践领域最新的经验做法,删减修订教材内容中陈旧、不适用的地方,将新的技术、工艺和行业规范纳入其中。在组织形式上,应该实施教材配套策略,在教材之外,通过讲义、教学参考书、学习辅导读本、操作手册式辅助教材等适时进行补充拓展。

---

① 张文显.新时代高等学校教材的"中国特色"和"世界水平"[J].教育研究,2020,41(3):11-14.

第六章

职业本科公共课程信息化资源利用的调研分析

本章概要：

本章从学生的需求、技术知识和学科内容中的技术整合等方面，确定教师和学生对职业本科公共课程中现有信息化资源利用计划的看法。确定了两组受访者对公共课程信息化资源利用计划在公共课堂网络建设、公共课程教师在线教学工具以及整体信息化水平等方面的应用，评估了他们在提高信息化资源利用方面的参与水平，对研究中提出的假设进行了实证检验，得出以下结论。当教师和学生按年龄、性别和年级分组时，当前职业本科公共课程信息化资源利用计划没有显著差异，但现有公共课程信息化资源利用项目在教师中的地位受到其计算机技术等级证书的影响。当教师和学生按年龄、性别和年级分组时，公共课程的资源化利用水平没有显著差异。但当教师被调查者分组时，公共课程的资源利用水平存在显著差异。教师受访者评估、参与提高信息化资源利用率的水平不高。基于这些发现，研究人员提出了一项提高职业本科公共课程教师信息化资源利用效率的教师培训策略。

一、引言

（一）研究背景

今天的信息技术世界，是一个将世界变成地球村的过程。全球化正在影响世界各国每个行业的发展，包括教育行业在内。美国教育部 2014 年在其提出的"国家信息基础设施"（NII）计划中，特别强调了将信息技术作为教育信息化的早期概念来实施教学。本书研究的职业本科公共课程信息化资源利用正是源于此。

从宏观上看，在信息化浪潮的推动下，世界各国也积极调整，促进教育信息化资源的有效利用。Chitcharoen 等[1]提到，高等教育的信息化要求是技术性、科学性

---

[1] Chitcharoen P, Jaitip N S, Songkram N. Teacher Training Process with a Teachers Network and Design-Based Approach to Enhance Teacher Competency in Educational Innovations and Information Technology[J]. International Journal of Information and Education Technology, 2015, 25(7): 201-205.

和人文性,以实现和谐统一。目前,许多国家已经开展了教师信息化培训试点工作,并取得了良好效果。教师的教学和学生的学习发生了前所未有的变化,教师的教学方法也变得多样化。Radoisius[1]认为,多媒体教学不仅方便了教师的教学,而且让学生更直观地接受教学内容,提高了学生的学习兴趣。实时教学连接互动可以使不同层次的教师进行交流和互动,推动教师专注于教材,创新教学方法,促进学生学习;教师开展信息化办公,实时监督学生的学习状况,及时纠正问题,强化问题,强化难题。师生之间的互动缩短了彼此的距离。

2020年,疫情给全球卫生和各国经济发展带来重大挑战。Chinmayshtha[2]认为,为防止疫情的蔓延,世界各国的学校都已相继停课。一篇题为《信息可视化:都柏林大学学院学习数据更新信息可视化知识》的文章提到,回归基础的传统教育已经被打破,师生关系发生了新的变化。

由此可见,信息化资源作为信息化的重要组成部分,是教育信息化建设的重要内容,对教育信息化的可持续发展起着至关重要的作用。因此,有必要对信息技术手段在职业本科公共课程中的应用进行研究。

在微观研究中,Bashev等[3]表示,有的国家已经开始学习其他国家的成功经验,创新教育模式,改进教育工具,更新教育理念。来自世界各地的学者在学校发展模式中利用数据处理调整也取得了丰富的成果。调查研究发现,目前关于利用信息技术改变教学模式的研究更多的是关于专业课程改革,而对公共课程的关注较少。Lu等[4]表示,公共课程是世界各地大学针对各个专业开设的覆盖范围广、学生受众最多的课程。公共课程的教学内容大多基于基础知识和概念

---

[1] Radoisius D A. OERs and MOOCs—The Romanian Experience International Conference on Networking and Open Learning[J]. IEEE,2014,20(14):1-5.

[2] Chinmayshtha S. Analysis and Research on Improving Teachers' Teaching Ability by Information Technology and Distance Education Training Program[J]. Journal of Research in Vocational Education,2022,14(2):20-22.

[3] Bashev A V, Kozlovsky S V, Smirnova L V, et al. Historical memory as a factor in the development of agriculture in Udmurtia[J]. IOP Conference Series:Earth and Environmental Science,2022,49(1):12-19.

[4] Lu C, Wei X, Wu W. A review of the performance evaluation of educational informatization[J]. China Electronic Education,2015,15(11):62-69.

知识，因此是一门易于进行信息化操作的课程。它的深入研究使学生能够通过信息化资源的利用获得更全面的发展。因此，本研究基于人本主义、建构主义和认知主义等理论，选取教学大纲相对统一、数量较多、覆盖面广的公共课程，如高等数学、大学英语、大学语文、大学体育等进行改革测试，得出通过信息化资源利用方面的教师培训来加强大学公共基础课程的结论。

（二）问题陈述

在信息技术不断发展和完善的今天，新媒体的不断加入使教育领域面临着严峻的挑战和压力，教育领域与信息化技术融合的趋势更加明显。通过分析信息技术的现状和构成对职业本科公共课程教师信息状况的影响，提高教师的信息技术能力，使其成为提高教育质量、全面推进教师信息技术深度融合的重要组成部分。JaMee 等[1]表示，在公共课程的教学过程中，信息技术的介入不仅促进了师生之间教学理念和模式的转变，而且使教学要素之间的关系发生了巨大变化。教师不再是知识的掌握者和传递者，他们开始成为学生学习的引导者或管理者；学生不再被动地接受知识。因此，学习任务是独立完成或与他人合作完成的。然而，一些公共课程的教师虽然在课堂上谈论教育信息化技术的有利条件，并要求学生无论是在当前大学学习还是将来进入工作岗位，都要积极尝试信息化资源，但他们在课堂上仍然使用传统的教育手段。根据 Deanne 等[2]研究的教学模式，教师课件的内容只是书本的机械复制，无法吸引学生有效地学习。为加快高等教育现代化，不断促进信息技术在高等教育领域的应用，应培养教师和学生熟练使用信息化手段。

（三）研究目的

本研究确定了教师和学生对职业本科公共课程中现有信息化资源利用计划的感知现状，分别评估教师和学生两组受访者对公共课中信息化资源利用的水

---

[1] JaMee K, Won G L. An Analysis of Students' Educational Informatization Level, Teachers and Parents: In Korea[J]. Computer and Education, 2016,56(3):116-128.

[2] Deanne L H, Shelby L C, Scott R D, et al. Application of technology-based teaching resources in diabetes education in multiple pharmacy colleges: evaluation of students' learning and satisfaction[J]. Current Situation of Pharmacy Teaching, 2012,12(2):59-63.

平、教师受访者参与提高信息化资源利用的水平,以及教师受访者在提高信息化资源利用率方面面临的挑战。最后,根据研究结论,研究人员提出了一个教师培训方案,以加强教师对信息化资源的利用。

二、研究方法

(一)研究设计

本研究采用定量描述的方法来确定教师和学生对学科内容中的需求、知识和技术整合的看法,即职业本科基础公共课程中现有信息化资源的利用状况。实证检验了职业本科公共基础课现有信息化资源利用状况和水平的显著差异、职业本科公共课程资源利用水平。针对教师受访者在信息化资源利用方面面临的挑战,最后提出了提高信息化资源利用效率的教师培训方案。

描述性研究旨在描述人、情况或准确而系统的现象。它可以回答什么、何时、何地、何时和如何的问题,但不能回答为什么[①]。本研究采用该方法,从公共课堂网络建设、公共课程教师在线教学工具和学校整体信息化水平等方面,进一步评估了大学基础公共课程信息化资源利用水平。

(二)总体和样本

本研究调查了两组受访者,即来自河北科技工程职业技术大学(后简称为"河北科工大")等四所职业本科的教师和学生作为样本。教师样本是这四所职业本科教授公共课程的教师,因为本研究调查的是公共课程中信息化资源的使用情况。学生样本是从公共管理专业的学生中选择的,每个年级都有。本研究采用随机分布和数据收集的原则进行统计计算和排序。

样本规模使用斯洛文公式计算,统计数字使用分层随机抽样技术按比例分配给每个大学。

---

① McCombes R, Rogulska S, Tarasova O, et al. A Model of Foreign Language Teachers Training in the Information-Educational Environment of Higher Educational Institutions[J]. Information Technologies and Learning Tools, 2019,72(14):66-70.

斯洛文公式的数学表达形式为

$$n = N/(1 + Ne^2)$$

其中：n 为样本总量；N 为总人数；e 为所允许的抽样误差（期望误差）。

表 6-1 显示了这项研究的受访者分布情况。本研究共收回了 429 份有效问卷。

表 6-1　受访者分布数据表

学校名称	教师 公共课教师人数	教师 样本量	学生（公共管理专业学生）样本量	学生 样本量	受访者总数
河北科工大	95	50	151	110	160
山东××职业技术大学	82	43	209	137	180
上海××职业技术大学	91	48	138	102	150
山西××职业技术大学	85	45	124	94	139
总计	353	186	622	443	629

表 6-2 提供了公共课程教师的调查数据，详细描述了他们的概况。

表 6-2　教师受访者的性别百分比

性别	人数	百分比（%）
男性	66	35.5
女性	120	64.5
总计	186	100.00

注：本书中数据均以四舍五入计。

从表 6-2 可以看出，共对四所职业本科的 186 名公共课程教师进行了调查，其中 66 名为男性教师，占 35.5%，大多数教师为女性，共 120 人，占 64.5%。

表 6-3　教师受访者的年龄百分比

年龄	人数	百分比（%）
25 岁及以下	11	5.9
26～35 岁	62	33.3
36～45 岁	83	44.6

续表

年龄	人数	百分比(%)
45 岁以上	30	16.1
总计	186	100.0

从表 6-3 可以看出,在这四所职业本科接受调查的 186 名公共课程教师中,25 岁及以下的教师只有 11 人,占 5.9%,这是因为大学对教师的教育程度要求很高。在中国,他们都至少拥有硕士或博士学位。受访者毕业后进入大学时已接近 25 岁。26~35 岁教师为 62 人,占 33.3%;36~45 岁教师为 83 人,占 44.6%。这一年龄段的教师所占比例最大,是职业本科教师的主要群体。45 岁以上 30 人,占 16.1%。

表 6-4 教师受访者的教育背景

学历背景	人数	百分比(%)
学士学位	47	25.3
硕士学位	121	65.1
博士学位	18	9.7
总计	186	100.0

从表 6-4 可以看出,186 名公共课程教师中,最高学历为硕士学位的最多,为 121 人,占比 65.1%,这是一个普遍现象。最高学历为学士学位的有 47 人,占 25.3%,这些教师大多年龄较大。只有 18 人拥有博士学位,占 9.5%。拥有公共课程博士学位的教师并不多,而且主要集中在高水平大学,如河北科工大,在其他三所中等水平大学中很少。

表 6-5 教师受访者信息化主体意识利用情况

信息化利用的主体意识	人数	百分比(%)
参加过信息化培训	28	15.1
未参加过信息化培训	158	84.9
总计	186	100.0

从表 6-5 可以看出,在 186 名公共课程教师中,只有 28 名教师参加过信息

培训，84.9%的公共课程教师没有参加过信息培训。这表明大量公共课程教师没有参加过相应培训。

表6-6至表6-8提供了学生受访者的调查数据，详细描述了他们的个人资料。

表6-6　学生受访者的性别分布

性别	人数	百分比(%)
男	138	56.8
女	105	43.2
总计	243	100.0

从表6-6可以看出，这四所大学共有243名学生接受了调查，其中男性138人，占56.8%，女性105人，占43.2%。

表6-7　学生受访者的年龄分布

年龄	人数	百分比(%)
18岁以下	50	20.6
18～20岁	121	49.8
21～25岁	72	29.6
总计	243	100.0

从表6-7可以看出，243名学生中有50名年龄在18岁以下，占20.6%。18～20岁的学生最多，为121人。21～25岁的学生有72人，占29.6%。

表6-8　学生受访者的年级分布

年级	人数	百分比(%)
大一学生	160	65.8
大二学生	23	9.5
毕业生	60	24.7
总计	243	100.0

从表6-8可以看出，243名学生中有160人是大一学生，占65.8%。243名学生中有60人是即将毕业的学生，占24.7%。243名学生中只有23人是大二学生，占9.5%。因为许多大二学生都有实习任务，他们需要在校外实习，所以

参与调研的人数偏少。

本研究的主题是确定大学公共课程的信息化资源利用率。因此,本次调查的主要目的是根据不同维度对职业本科公共课程信息化资源利用的有效性进行细分,通过数据分析和模型构建,找出当前职业本科信息化资源利用中存在的问题以及信息化国际发展水平有待提高的问题。调查问卷用于调查公共课程中的资源以及对教师的采访和课堂记录。同时,通过四个维度分别反映职业本科公共课程信息化资源的利用水平。调查问卷见章末。

对公共课程教师的访谈用于后续问题的分析,通过电子邮件对问卷参与者的信息有了更深入的了解。这一设计的目的是全面了解不同类型和地区的院校在公共课程教学中信息化资源的利用情况。

(三)统计学工具

研究收集的数据要进行统计处理,否则这些数据将毫无意义。对从在线调查问卷结果中收集的数据进行分析和解释,以回答第一章中提出的具体问题。研究人员将使用加权平均值、标准差和 t 检验等统计工具对这些数据进行处理和分析。

(1)百分比和频率。这描述了教师受访者的年龄、教育背景和计算机技术等级证书水平以及学生的年龄和年级水平。

(2)加权平均值。加权平均值是指为了得到整体值和单位而获得的平均值。通过将与特定事件或结果相关的权重(或概率)乘以其定量结果,求和以获得总值,然后将其除以单位总数。这用于计算理论的预期结果,因为每个结果都显示出不同的发生概率,这是区分加权和算术平均值[①]的一个关键特征。它用于确定教师和学生在学科内容中的需求、知识和技术整合所感知的大学基础公共课程中现有信息化资源利用计划的状况,大学教师的信息化水平以及大学公共课程中资源利用水平对促进学生学习的贡献。

---

① Shulman L S. Those Who Understand: Knowledge Growth in Teaching[J]. Educational Researcher, 2016,15(2): 4-14.

公式为

$$\overline{x}_w = \frac{\sum_{i=1}^{n}(w_i x_i)}{\sum_{i=1}^{n}(w_i)}$$

其中：

$\overline{x}_w$ 为加权平均变量；

w_i 为分配的加权值；

x_i 为观测值。

为了解释加权平均值，使用了以下数值范围解释。

①职业本科信息化资源利用现状——学生需求、技术知识和学科内容技术整合。

数值范围解释：

4.50～5.00 非常同意(SA)；

3.50～4.49 同意(A)；

2.50～3.49 不确定(U)；

1.50～2.49 不同意(D)；

1.00～1.49 强烈反对(SD)。

②根据公共课堂网络建设、公共课程教师在线教学工具的有效性和大学整体信息化水平，大学公共课程信息化资源利用计划的水平。

数值范围解释：

4.50～5.00 非常高效(VHE)；

3.50～4.49 高效(HE)；

2.50～3.49 有效(ME)；

1.50～2.49 无效(LE)；

1.00～1.49 彻底无效(NE)。

③提高信息化资源利用率的参与程度评估。

数值范围解释：

4.50~5.00 极高水平(VHL);

3.50~4.49 高水平(HL);

2.50~3.49 中等水平(ML);

1.50~2.49 低水平(VL);

1.00~1.49 极低水平(VLL)。

(3) 独立 t 检验。这用于确定平均值之间是否存在统计学上显著的差异。通常,显著性水平(也称为阿尔法)被设置为允许拒绝或接受替代假设。最常见的是将此值设置为 0.05。不相关群体是指每个群体中情况不同的群体(如受访者),这通常用于调查个体差异。

在这项研究中,它被用来识别基于性别变量的反应差异——受访者被分为男性或女性、男生或女生。这用于确定在根据学生和教师的性别特征进行分组时,公共课程信息化资源的利用率是否存在显著差异。

方差分析(ANOVA),方差分析或 F 检验比较两组以上平均值之间的方差,或确定不同组的平均值之间是否存在任何差异。方差分析公式见表 6-9。

表 6-9 方差分析(ANOVA)

变化来源	平方和	自由度	均方(MS)	F
组间	$SS_w = \sum_{j=1}^{k} \sum_{j=1}^{i} (\overline{X} - \overline{X}_j)^2$	$df_w = k-1$	$MS_w = \dfrac{SS_w}{df_w}$	$F = \dfrac{MS_k}{MS_w}$
组内	$SS_b = \sum_{j=1}^{k} (\overline{X}_j - \overline{X})^2$	$df_b = n-k$	$MS_k = \dfrac{SS_k}{df_k}$	
总和	$SS_t = \sum_{j=1}^{n} (\overline{X}_j - \overline{X})^2$	$df_t = n-1$		

(四)数据验证分析

这些数据分析经过以下过程:

(1) 问卷有效性分析

测量问卷有效性的主要目的是测试问卷设计是否有效以及问卷问题设置是否正确。一般来说,测量的有效性越高,就可以提取更多关于问卷研究项目的信息,这表明问卷是有效的、问卷问题的设置是正确的,可以进行进一步的分析。

问卷的有效性衡量研究结果是否与问题"一致"。有效性分析主要分为内容有效性分析、标准有效性分析和结构有效性分析。本研究从学生特点、教师特点、公共课程信息化资源利用水平和信息化资源利用面临的挑战四个维度分析了职业本科公共课程的信息化资源利用能力。采用KMO试验方法和Bartlett球形试验方法。一般来说,KMO指标的值越大,问卷变量中的共同因素越多,相关系数越低,就越适合进行因素分析。当KMO指标的值大于或等于0.7时,进行因子分析。对总量表进行了有效性分析,得到了表6-10。

表6-10 问卷的总体KMO和Bartlett检验值

KMO取样适宜性数量	0.881
Bartlett巴特利特球形检验	3 709.074
自由度	1 378
显著性	0.000

从表6-10可以看出,本问卷总量表的KMO值为0.881,显著概率值(Sig.) $p=0.000<0.05$,适合进行因子分析。问卷参考了中国《教师教育振兴行动计划(2018—2022年)》和美国高等教育教师教育协会颁布的美国教育部(2014) TPACK标准对职业本科教师信息技术应用能力的要求,因此对每个维度分别进行了因子分析。

表6-11 问卷各维度的KMO和Bartlett检验值

	学生特点	教师特点	公共课程信息化资源利用水平	信息化资源利用面临的挑战
KMO取样适宜性数量	0.891	0.794	0.780	0.827
Bartlett巴特利特球形检验	777.115	1 900.500	1 463.110	445.243
自由度	136	120	45	66
显著性	0.000	0.000	0.000	0.000

从表6-11中可以看出,每个维度的KMO值也在0.75以上,因此可以对每个维度进行因子分析。四个维度的公共因子方差表和旋转因子矩阵表的数据比

较分别表明，每个部分都符合筛选标准。总之，问卷具有一定的有效性。

（2）问卷可靠性分析

问卷的可靠性是衡量问卷测试结果质量的重要指标，主要是分析结果的一致性和稳定性。测试结果中的可靠性系数直接反映了问卷结果的一致性。如果问卷的可靠性系数较高，则证明结果更可靠。

只有当问卷的可靠性系数足够高时，才有必要进行进一步的研究。本研究总规模的可靠性分析如表 6-12 所示。

表 6-12　总测试量表的可靠性统计

Cronbach α（克隆巴赫）	标准化 Cronbach's α 系数	问卷题目数量
0.923	0.940	60

根据 Cronbach(1951)，如果 α 系数，值高于 0.8，则意味着可靠性高；如果该值在 0.7～0.8 之间，则表示可靠性良好；如果该值在 0.6～0.7 之间，则可靠性是可接受的；如果该值小于 0.6，则可靠性较差。可靠性系数 $α \geqslant 0.7$ 表示可靠性高，问卷可以进行统计分析。问卷的信度采用 SPSS 软件进行测量。学生特征变量、教师特征变量、公共课程信息化资源利用水平、公共课程教师在线培训，Cronbach α 值分别为 0.838、0.857、0.808、0.828，总表值为 0.923。这表明问卷的可靠性是理想的，可以用于进一步的分析。

问卷调查内容结果表明，问卷的总体信度高于 0.83，表明问卷具有良好的信度和稳定性，总体有效性高于 0.85。问卷具有良好的准确性和可操作性。在正式调查阶段，本研究通过互联网分发和收集问卷。一方面，当时由于疫情的影响，不适合集中组织发放纸质问卷。另一方面，本研究的研究主题围绕信息技术展开，教师和学生对网络工具的熟练程度和对电子问卷的接受程度从侧面反映了他们对信息技术的认识和应用。考虑到上述原因，本次调查于 2022 年 12 月 20 日至 30 日通过"问卷星"APP 进行问卷调查，并成功完成了样本数据的收集。

（3）试点测试

未参与本研究的 15 名学生和 15 名教师作为研究工具有效性初始测试的参与者，其目的是根据试点测试的反馈，在问卷中找出不相关的问题。

经过试点测试，对5个问题进行了调整，如学生的年龄和成绩。增加了教师访谈内容的最后一个问题"请分享您在公共课程教学中使用信息化资源的建议"。这种方法旨在更有效地确定影响公共课程信息化资源利用的因素。

（五）研究方法和程序

在提交研究人员的问卷样本后，根据审查小组的意见和建议对问卷进行了修改。在修订和得到审查小组的批准后，研究人员致函四所职业本科院校的教务处处长，请求允许研究人员调查公共课程信息化教育管理，并随后获得许可。

调查获批后，研究人员要求向这些公共课程教师和公共管理专业学生发放问卷，并通过"问卷星"APP发送。对公共课堂教师的采访被用于后续问题，通过电子邮件对参与者问卷中检索到的数据有了更深入的了解。

第一步，参与者回答了关于他们个人基本情况的调查，包括性别、年龄、年级等。他们还回答了关于信息技术教学的使用和经验的项目。他们的答案是为了记录而编码的。针对学生的调查仅限于此。

第二步是继续调查公共课程教师，特别是信息化教学的培训和评估以及记录信息化教学在公共课程中的积极影响。研究人员对公共课程教师进行了访谈，并分析了访谈过程和结果。问卷调查是客观的调查结果，访谈是主观的调查结果。从更全面的角度，研究记录了提高公共课程信息化教学水平的措施。

第三步，继续开展公共课程教师调查，特别是参与信息化教学培训和评估的调查，记录哪些因素影响了公共课程信息化教学的积极效果。

第四步是对问卷调查和访谈的统计结果进行分析。在这项研究中，使用了各种统计技术，使用了加权平均值、标准差等各种统计技术。此外，收集的数据通过社会科学统计软件包（SPSS）进行处理。

第五步是关注研究中涉及的10个研究问题（百分比和频率，主要用于统计第二个研究问题的相关数据；加权平均，主要用于计算第一个和第五个研究问题相关数据；独立t检验，主要用于核算第三个和第六个研究问题有关数据；基础分析，主要用于测算第四个和第七个研究问题。）的数据分析。在有效地找出影响因素并进一步总结后，提出了研究结论，并从结论中得出了建议。

（六）研究工具及仪器

本研究采用了研究人员以在线调查的形式进行的问卷调查。由于疫情的影响，它使用了中国的"问卷星"，这是一种在线统计工具，用于进行问卷调查和统计，在附件中提供了该问卷的中文版。

通过收集数据、问卷分析，提出了制约职业本科公共课程信息化资源利用的因素，并提出了有利于促进职业本科公共课程信息化资源利用的方案。

教师问卷由六部分组成：第一部分为教师概况；第二部分是对职业本科公共课程信息化资源利用现状的调查，其中包括三个方面，每个方面都有5个问题，从学生需求、技术知识和学科内容中的技术整合等方面介绍了信息化资源利用计划在大学公共课程中的地位；第三部分是关于信息化资源利用水平的调查，其中包括三个方面，每个方面包括5个问题，即公共教室网络建设方面的信息化资源利用程度、公共课程教师在线教学工具方面的信息化资源利用程度、从大学整体信息化水平来看信息化资源利用水平；第四部分是教师对提高信息化资源利用水平的评估；第五部分是关于教师在信息化资源利用方面遇到的挑战的调查；第六部分是访谈，有6个问题作为访谈协议的开放式问题，收集了调查问卷中没有包含的信息，如教师的感受、参加的培训以及在公共课程中应用信息化教学的建议。访谈的内容弥补了问卷的局限性，更好地服务于本研究得出的结论。

学生问卷分为三部分。第一部分是学生个人基本情况，其余部分与第二、第三部分中教师问卷的内容相同，只是没有关于教师在信息化资源利用方面遇到挑战的第四部分。第二部分调查了信息化资源利用计划在大学公共课程中的地位，共分三方面，每方面从学生需求、技术知识和学科内容技术整合等对信息化资源利用项目在大学公共课中的地位提出了5个问题；第三部分是信息化资源利用水平调查，共分三方面，每方面从公共教室网络建设方面的信息化资源利用程度、公共课程教师在线教学工具方面的信息化资源利用程度、从大学整体水平来看信息化资源利用水平提出5个问题。调查数据是在问卷调查和访谈的基础上收集的，并使用专业统计工具对调查数据进行分析。

通过调查统计得到了公共课堂网络建设、公共课程教师在线教学工具、学校整体信息化水平等子指标结果的支持。对于各自计算的 t 值,它们的所有 p 值(0.502、0.381 和 0.467)都大于 0.05 的显著性水平。这意味着大学公共课程的资源利用水平不受教师受访者所认为的性别的影响。

Ronaldo 等[①]解释说,不同背景的教师的信息化教学能力水平不同。男教师、青年教师、有信息化教学竞赛经验的教师,这三个群体在信息化教学中相对有优势。根据本书的实证结论,首先在面对信息化教学时,男教师和女教师的应用意愿没有显著差异,但从应用能力的角度来看,男教师在信息技术应用水平和信息化教学能力上均显著高于女教师。从心理学的角度来看,女性倾向于感性思维,而男性倾向于逻辑思维。男性比女性更感兴趣和接受数学、物理和计算机等公共科学知识,男教师更能适应信息化教学带来的挑战。

三、调查数据的呈现、分析和解释

本章介绍了对收集数据的分析和解释,以达到研究的目的。以下表格是按照问题陈述的顺序排列的。

(一)师生对职业本科公共课程现有信息化资源利用现状的认知

1. 学生需求

表 6-13 显示了根据学生需求,职业本科公共基础课程中现有信息化资源利用计划的现状。

表 6-13　从学生需求看职业本科公共基础课现有信息化资源利用项目的现状

指标(调查问卷)	教师 平均值	教师 变分推断	学生 平均值	学生 变分推断	综合平均值	变分推断
1. 该大学拥有学生可以访问的信息化资源	3.52	HE	4.01	HE	3.76	HE

---

① Ronaldo N L, Luiz R D, Santos A. Education and Digital Information and Communication Technologies: A Theoretical/Practical Experience in Initial Teacher Training[J]. Cadernos de Educação Tecnologia e Sociedade, 2018, 11(2): 88-95.

续表

指标（调查问卷）	教师 平均值	变分推断	学生 平均值	变分推断	综合平均值	变分推断
2. 该大学拥有学生可以用于学习的信息化资源	3.49	HE	4.05	HE	3.77	HE
3. 由于连通性差，该大学信息化资源对学生学习的益处有限	3.49	HE	4.03	HE	3.76	HE
4. 该大学互联网连接允许学生在学习需要时随时访问教育信息化资源	3.55	HE	4.07	HE	3.83	HE
5. 该大学使学生能够上网访问他们在学习中需要的教育信息化资源	3.56	HE	4.09	HE	3.86	HE
综合平均值	3.52	HE	4.05	HE	3.78	HE

*（3.40~4.39）HE（高效）

如表6-13所示，根据教师对HE（高效）水平的推断，职业本科公共课程中现有信息化资源利用在学生需求方面的状况获得了3.52的综合平均值。

这得到了以下指标的支持：该大学拥有学生可以访问的信息化资源（3.52，HE）；大学拥有学生可以用于学习的信息化资源（3.49，HE）；职业本科信息化资源由于连通性差，对学生学习的益处有限（3.49，HE）；大学互联网连接允许学生在学习需要时随时访问教育信息化资源（3.55，HE）；大学允许学生上网访问学习所需的教育信息化资源（3.56，HE）。

同样，根据学生的需求，大学基础公共课程中现有信息化资源的利用状况显示出4.05的综合平均值，并对学生所感知的HE（高效）水平进行了解释。

这得到了以下指标的支持，如：大学使学生能够上网访问他们在学习中需要的教育信息化资源（4.09，HE）；大学互联网连接允许学生在学习需要时随时访问教育信息化资源（4.07，HE）；职业本科信息化资源因连通性差使学生的学习受限（4.03，HE）；大学拥有学生可以用于学习的信息化资源（4.05，HE）；大学拥有学生可访问的信息化资源（4.01，HE）。

总体而言，就学生需求而言，职业本科公共课程中现有信息化资源利用状况的综合平均值为3.78，其相应的HE（高效）水平的值为3.78。

信息化资源主要体现在调动学生学习兴趣、培养学生学科素养、拓展学生知识面等方面。凭借重要优势，信息化资源对教学的影响不断加深，逐渐成为公共课程教学中不可或缺的资源。

这也是教师问卷中访谈内容的目的。访谈中的第一个问题是让教师在公共课上讨论信息化资源的价值。一些公共课程知识比较枯燥，比如历史课程，这也是学生不喜欢公共课程的原因之一。因此，应该给学生创造一个信息化的环境，以便他们可以随时随地使用网络进行学习。在教学中，教师可以将一些难度较大或时间跨度较大的知识以视频的形式呈现给学生。视频与讲解相结合，有利于学生理解抽象的历史知识。例如，为了展示战争过程，如果没有丰富的历史想象力，学生很难理解战争的过程。根据访谈结果，大多数公共课程教师都意识到信息化资源的重要性。这一结果得到了Joseph[1]的支持，他认为利用信息化资源呈现历史知识是恰当的，它可以在传统教学中以更多的形式展示传统教学的部分，改善历史学习的枯燥局面，使教学更加生动，调动学生的学习积极性。

Bashev等[2]提到，信息化资源有利于拓展学生的知识面。在实际教学过程中，教师应当用教材教学，而不是把教材给学生。他们需要为学生补充相关知识。其中，既有某一学科的知识，也有相关学科的知识。更多的知识扩展了学生的认识。McCombes等[3]提到，信息化资源可以促进学生的个性化学习。信息化资源丰富多彩，学生可以选择自己感兴趣的内容来学习更多知识。如各类视频软件，视频风格幽默风趣。学生可以观看自己喜欢的视频，有利于提高学习公共课程的兴趣。有些学生喜欢新闻，也可以从各种角度思考某些问题，理解知识连续性的原因。

---

[1] Joseph E Orn. The Future of Education: Educational Transformation in the Age of Artificial Intelligence[M]. Beijing: Machine Industry Press, 2019.

[2] Bashev A V, Kozlovsky S V, Smirnova L V, et al. Historical memory as a factor in the development of agriculture in Udmurtia[J]. IOP Conference Series: Earth and Environmental Science, 2022, 49(1): 12-19.

[3] McCombes R, Rogulska S, Tarasova O, et al. A Model of Foreign Language Teachers Training in the Information-Educational Environment of Higher Educational Institutions[J]. Information Technologies and Learning Tools, 2019, 72(14): 66-70.

2. 技术知识

表 6-14 介绍了教师和学生受访者认为的大学公共课程中现有信息化资源利用在技术知识方面的现状。

表 6-14 从技术知识看职业本科公共基础课现有信息化资源利用的现状

指标(调查问卷)	教师 平均值	变分推断	学生 平均值	变分推断	综合平均值	变分推断
1. 我的大学信息化资源利用为我的公共课程提供了所需的技术知识	3.49	HE	4.04	HE	3.66	HE
2. 我的大学技术人员帮助我在使用教育信息化资源方面拥有技术知识	3.48	HE	4.03	HE	3.76	HE
3. 我的大学提供教学视频,发展我在信息化资源使用方面的技术知识,我可以随时预览	3.54	HE	3.97	HE	3.76	HE
4. 我所在大学的老师培养我如何通过使用在线信息化资源来应对学习的技术知识	3.54	HE	3.95	HE	3.74	HE
5. 我所在的大学很少有老师为我提供信息化资源利用方面的技术知识	3.49	HE	3.95	HE	3.72	HE
综合平均值	3.51	HE	3.99	HE	3.75	HE

* (3.40~4.39)HE(高效)

表 6-14 进一步表明,就教师所感知的技术知识而言,大学公共课程中现有信息化资源利用计划的状况获得了 3.51 的综合平均值,具有 HE(高效)水平的解释。

这得到了以下指标的支持:我所在的大学提供教学视频,促成我在信息化资源使用方面的技术知识,我可以随时预览(3.54,HE);我的大学老师教会了我如何通过使用在线信息化资源来应对学习的技术知识(3.54,HE);我的大学为我的公共课程信息化资源利用提供了所需的技术知识(3.49,HE);我所在的大学很少有教师为我提供信息化资源利用方面的技术知识(3.49,HE);我所在的学校的技术人员帮助我掌握教育信息化资源利用的技术知识(3.48,HE)。同时,学生对现有大学公共基础课程信息化资源利用项目技术知识状况的评估,累积了3.99的综合平均值及其相应的HE(高效)水平的解释。

这还得到了以下几个指标的支持,如我的大学信息化资源利用率为我的公共课程提供了所需的技术知识(4.04,HE);我的大学技术人员帮助我掌握教育信息化资源使用方面的技术知识(4.03,HE);我的大学提供教学视频,我可以用信息化资源随时预览我学习的技术知识(3.97,HE);我的大学老师教会了我如何通过使用在线信息化资源来应对学习的技术知识(3.95,HE),而我所在的学校很少有教师为我提供信息化资源利用的技术知识(3.95,HE)。

从总体上看,教师和学生对职业本科公共基础课程中现有信息化资源利用项目在技术知识方面的感知状况达到了3.75的综合平均值,其各自的解释为HE(高效)水平。

信息化资源获得的知识范围更广。在传统的教学中,教师从纸质材料中获取教学信息,学生从课本中学习,利用信息化资源后,教师可以获得更广泛的知识来源。学生还可以利用生活中信息化资源的开放性,随时检索自己需要的信息,通过更多渠道接触知识。面试问题中的第二个问题是,公共课程讨论了课堂上使用信息化资源的频率。根据访谈结果,大多数公共课程教师已经开始有意识地在课堂上使用信息化资源。Goncharenko[1]提到,使用课件教学可以显示更多信息。教师书写传统的板书是辛苦的,而且板书的内容也是有限的。课堂上课件与图板相结合,可以展示更多的信息,方便学生在课堂上的阅读和学习。

Chitcharoen等[2]提到,在收集资源的过程中,教师可以提高收集信息的能力;在处理信息化资源的过程中,他们也可以有效地提高自己的信息技术水平。信息化资源丰富多彩,为了将收集和筛选的信息化资源呈现给学生,我们需要整合资源。在制作课件的过程中,教师需要掌握一定的设计、制作等技能,这对提

---

[1] Goncharenko T. Information Technologies as the Tool of Efficiency Improving of Future Physics Teachers Training to Laboratory Session in optics[J]. Information Technologies in Education, 2017, 17(33):33-37.

[2] Chitcharoen P, Jaitip N S, Songkram N. Teacher Training Process with a Teachers Network and Design-Based Approach to Enhance Teacher Competency in Educational Innovations and Information Technology[J]. International Journal of Information and Education Technology, 2015, 25(7):201-205.

高教师的信息技术水平是一个很好的锻炼。

Kusni 等[1]提到,信息技术水平的提高可以有效提高教师处理信息化资源的水平。由此可见,如果掌握了信息化资源的获取方式,信息化资源在课件中的应用将更加灵活。因此,在利用信息化资源的过程中,教师也在成长和进步。

3. 学科内容中的技术整合

表 6-15 显示了受访者评估的职业本科公共课程中现有信息化资源利用在学科内容中技术整合方面的现状。

如表 6-15 所示,根据教师评估的职业本科公共课程中现有信息化资源利用在学科内容中的技术整合方面的状况,通过 HE(高效)水平的解释,获得了 3.52 的综合平均值。

表 6-15 受访者对职业本科公共基础课程现有信息化
资源利用在学科内容技术整合方面的评价现状

指标	教师 平均值	变分推断	学生 平均值	变分推断	综合 平均值	变分推断
1. 我认为教师在公共课程教学中应该注意信息化资源的开发和利用	3.56	HE	3.91	HE	3.73	HE
2. 我认为公共课程教学中信息化资源的使用应该融入每一门课程中	3.53	HE	3.87	HE	3.53	HE
3. 我认为学校网络基础设施和公共课堂教师的信息化教学水平是影响信息化资源在公共课堂教学中信息化应用的因素	3.54	HE	3.91	HE	3.72	HE
4. 我认为我所在大学的老师应该在课程内容上多使用腾讯课堂/超星学习通,因为它们很容易使用	3.53	HE	3.91	HE	3.72	HE

---

[1] Kusni I, Agus P, Dwi E W, et al. The Effect of Training, Information Technology, Intellectual and Emotional Intelligence on Teacher's Performance[J]. The Journal of Asian Finance, Economics and Business (JAFEB),2020,7(12):20-25.

续表

指标	教师 平均值	变分推断	学生 平均值	变分推断	综合平均值	变分推断
5. 我认为教师需要在学科内容中融入技术的培训,因为这会让学习变得容易	3.46	HE	4.09	HE	3.78	HE
综合平均值	3.52	HE	3.94	HE	3.73	HE

*(3.40~4.39)HE(高效)

后续指标强化了这一点:我认为教师在公共课程教学中应注意信息化资源的开发和利用(3.56,HE);我认为学校网络基础设施和公共课堂教师的信息化教学水平是影响信息化资源在公共课堂教学中信息化应用的因素(3.54,HE);我认为信息化资源在公共课程教学中的使用应该整合到每一门课程中(3.53,HE);我认为我所在大学的老师应该在学科内容中集成,多使用腾讯课堂、超星学习通等平台,因为它们很容易使用并且辅助教学(3.53,HE);我认为老师需要培训将技术集成到学科内容中,因为这会让学习变得容易(3.46,HE)。

同样,学生对大学公共基础课程中现有信息化资源利用项目在学科内容技术整合方面的状况进行评估,获得3.94的综合平均值及其相应的HE(高效)水平的解释。

这得到了众多指标的支持,例如:我认为教师需要在学科内容中融入技术的培训,因为这会让学习变得容易(4.09,HE);我认为教师在公共课程教学中应重视信息化资源的开发和利用(3.91,HE);我认为学校网络基础设施和公共课堂教师的信息化教学水平是影响信息化资源在公共课堂教学中信息化应用的因素(3.91,HE);我认为我所在大学的教师应该在学科内容中整合使用腾讯课堂、超星学习通等平台,因为它们易于使用(3.91,HE),并且我认为公共课程教学中信息化资源的使用应该整合在每一个学科中(3.87,HE)。

一般来说,教师和学生评估的大学公共基础课程中现有信息化资源利用项目在学科内容技术整合方面的状况获得了3.73的综合平均值,累积的解释为HE(高效)水平。

应及时更新公共课的教育教学理念。教师观念的转变不是一天就能完成的,而是要通过与公共课程教师的访谈和交流,帮助公共课程更新信息技术和教学观念,让教师明白信息技术在教学中的应用已是大势所趋,可以应用信息技术创造教育奇迹。Silveira 等[1]提出,教师的观念已经发生了变化。遵循学科内容的技术整合可以改变传统的教学方法。新的教学方法和策略也将为学生提供丰富的信息化资源来辅助教学。不断提高自身的信息质量,最终提高课堂教学的有效性。秦炜炜[2]提到,在学校教学中,形成了利用信息技术改变传统教学的新理念。在这种教学氛围下,公共课教师会乐于接受新的教学理念。通过利用信息技术来提高教学的有效性。信息技术就像是一根强大的魔杖,公共课教师就是操纵这根魔杖的魔术师。为了使这根魔杖发挥作用,有必要让公共课教师在学科内容中融入技术,以适应时代的要求。

(二) 两组受访者对职业本科公共课程信息化资源利用水平的评价

1. 公共教室网络建设

表 6-16 显示了两组受访者在公共课堂网络建设方面对大学公共课程信息化资源利用有效性的评估。

如表 6-16 所示,教师评估的公共课程信息化资源利用在公共课堂网络建设方面的有效性水平,在解释为 HE(高效)水平的情况下,获得了 4.03 的综合平均值。

这得到了以下指标的支持:我校投入专项资金用于公共课程课堂信息化资源利用网络建设(4.07,HE);作为网络建设水平升级的一部分,我校建设了一个公共课程教室专用信息化资源利用系统(4.04,HE);我校应提高公共课程课堂信息化资源利用网络建设水平(4.04,HE);我校制定了公共课程课堂信息化资源开发的高水平网络建设计划(4.03,HE);我校网络建设应重点为所有公共课教师配备课堂的信息化辅助教学设备(3.96,HE)。

---

[1] Silveira J, Ângelo L, Paula B. Training of teachers of Physical Education and digital information and communication technologies (DICT)/media: a possible relationship? Analysis of the curricular proposals of the Brazilian Federal Universities[J]. Motrivivência,2019,31(57):77-88.

[2] 秦炜炜.加拿大高等教育信息化战略的多维透视[J].现代教育技术,2012,22(6):5-11+34.

表 6-16 从网络建设看职业本科公共课程信息化资源利用的有效性水平

指标	教师 平均值	变分推断	学生 平均值	变分推断	综合平均值	变分推断
1. 我校应提高公共课程课堂信息化资源利用的网络建设水平	4.04	HE	3.55	HE	3.76	HE
2. 我校网络建设应重点为教师配备所有公共课程课堂的信息化辅助教学设备	3.96	HE	3.55	HE	3.75	HE
3. 我校制定了关于公共课程课堂信息化资源开发利用的高水平网络建设计划	4.03	HE	3.56	HE	3.80	HE
4. 作为网络建设水平升级的一部分,我校加强了公共课程教室信息化资源利用建设	4.04	HE	3.59	HE	3.81	HE
5. 我校投入专项资金用于公共信息化资源利用网络建设	4.07	HE	3.56	HE	3.82	HE
综合平均值	4.03	HE	3.55	HE	3.79	HE

＊(3.40～4.39) HE(高效)

学生认为,在公共课堂网络建设方面的公共课程获得了综合平均值3.55,通过HE(高效)水平进行评估。

这得到了以下指标的支持:作为网络建设水平升级的一部分,我校加强了公共课程教室信息化资源利用建设(3.59,HE);我校制定了高水平的公共课程课堂信息化资源利用网络建设计划(3.56,HE);我校投入专项资金用于公共课程课堂信息化资源利用网络建设(3.56,HE);我校应提高公共课程课堂信息化资源利用的网络建设水平(3.55,HE);我校网络建设应重点为所有公共课教师配备课堂的信息化辅助教学设备(3.55,HE)。总体而言,教师和学生评估的大学公共课程信息化资源利用计划在公共课堂网络建设方面的水平,在解释为HE(高效)水平的情况下,获得了3.79的综合平均值。

这得到了赵国栋研究的支持,他建议加强职业本科公共课程信息化资源的利用水平。职业本科有必要利用先进的网络和信息技术整合资源,建设先进、高效、实用的公共课程教育信息基础设施。但由于资源的不均衡、学校的规模和水平、当地的经济发展以及学校自身发展战略的影响,公共课程信息基础设施的建设存在明显差异。一些知名大学的宽带接入速率已达到 4 Gbps 以上,公共课程信息基础设施建设也相对完善。公共教室可以随时接入无线网络,方便教师进行信息化教学,信息化资源利用率高。然而,尽管公共课程信息基础设施的建设已初步完成,但受上述因素的影响,许多普通大学仍无法满足信息化教学快速发展的需要。

同样,周杰[①]强调,首先公共课堂可以保持资源数据库系统的高质量维护和升级,及时输入所需的各种信息,并不断引入各种先进信息来丰富数据库。其次,开展公共课堂师生信息的管理和服务。如果有信息问题,应尽快回复。最后,帮助教师在课堂电脑中复制数据库信息,促进教学的顺利进行。

2. 公共课程教师在线教学工具

表 6-17 显示了两组受访者在公共课程教师在线教学工具方面对大学公共课程信息化资源利用水平的评估。

如表 6-17 所示,根据对 HE(高效)水平的解释,大学公共课程中公共课程教师在线教学工具的信息化资源利用水平获得了 3.85 的综合平均值。

后续指标强化了这一点:我的公共课程教师在课堂上使用互联网、视频、图片、PPT 演示(3.93,HE);我认为公共课程课很无聊,因为老师没有使用在线教学工具(3.87,HE);我的公共课教师使用在线教学工具,指导和帮助我完成课堂任务和作业(3.85,HE);我所在的大学为在公共课中使用在线教学工具的教师发放奖金(3.84,HE);我所在的大学培训教师使用在线教学工具,这提高了我的学习效率(3.75,HE)。

表 6-17 从网络教学工具看职业本科公共课程信息化资源利用的有效性水平

指标	教师 平均值	教师 变分推断	学生 平均值	学生 变分推断	综合平均值	变分推断
1. 我的公共课程老师在课堂上使用互联网、视频、图片、PPT 演示	3.93	HE	3.54	HE	3.74	HE

---

① 周杰.基于用户反馈的教育信息资源质量提升研究[D].武汉:华中师范大学,2014.

续表

指标	教师 平均值	教师 变分推断	学生 平均值	学生 变分推断	综合平均值	变分推断
2. 我认为公共课程课很无聊，因为老师没有使用在线教学工具	3.87	HE	3.54	HE	3.70	HE
3. 我所在的大学为在公共课中使用在线教学工具的教师发放奖金	3.84	HE	3.51	HE	3.68	HE
4. 我的公共课程班主任使用在线教学工具来指导和帮助我完成课堂任务和作业	3.85	HE	3.57	HE	3.71	HE
5. 我所在的大学培训教师使用在线教学工具，这提高了我的学习效率	3.75	HE	3.57	HE	3.66	HE
综合平均值	3.85	HE	3.55	HE	3.70	HE

* (3.40～4.39)HE(高效)

同样，学生评估的大学公共课程中信息化资源利用项目的在线教学工具水平达到了 3.55 的综合平均值，其相应的解释为 HE(高效)水平。

这得到了几个指标的支持：如我的公共课教师使用在线教学工具，指导和帮助我完成课堂任务和作业(3.57,HE)；我所在的大学培训教师使用在线教学工具，这提高了我的学习效率(3.57,HE)；我认为公共课程课很无聊，因为老师没有使用在线教学工具(3.54,HE)；我的公共课程老师在课堂上使用互联网、视频、图片、PPT 演示(3.54,HE)；我所在的大学为在公共课中使用在线教学工具的教师发放奖金(3.51,HE)。

总体而言，教师和学生对大学公共课程中在线教学工具的信息化资源利用水平的综合平均值为 3.70，这表明对 HE(高效)水平的解释。

这与 Lucas 等[1]所强调的一致，即网络已经成为当代信息存储和传播的主要媒介之一，也是一个巨大的信息化资源库。计算机多媒体技术在职业本科教

---

[1] Lucas I R, Michael A Pr, Aristotle U, et al. An AHP-based evaluation method for teacher training workshop on information and communication technology[J]. Evaluation and Program Planning, 2017, 17(63):109-123.

学中的应用，极大地改变了现有的信息化资源形式。

在线教学工具在形式上包括文本、图像、语音、软件、数据库等，是多媒体、多语言、多类型信息的混合体。同时，资源通过网络进行传输和交换，信息化资源更新速度更快、内容更丰富、数量越来越多，其内容包罗万象，涵盖不同学科、不同领域、不同地区、不同语言的信息化资源。

此外，Lucas还透露，教师在线教学工具的设计和调整是为了以最低的配置成本实现最大的配置效益。在课堂网络建设的基础上，应规划不同信息化资源的重点、范围、类型、时间和数量分布，使有限的信息化资源能够被尽可能多的学生使用。一方面，避免网上信息化资源重复，减少信息污染，为公共课程网络建设节省人力、物力、资金和时间；另一方面，保证网络上信息化资源的全面性和及时性，为学生学习提供便捷的信息服务。

最后，Lucas解释说，大学的信息化资源必须与大学设立的专业学科相适应，特别是公共课程，这样才能充分体现信息化资源专业化、综合化、新型化的特点，在公共课堂上形成全面而独特的优势资源。为此，一方面，教师应充分利用在线教学工具，致力于构建合适的教学资源，掌握学生的学习动态，增加网络互动，根据学生的不同需求了解学生的需求，从而发挥资源在教学中的作用。另一方面，公共课程教师应不断提高信息技术水平，提高信息化资源开发水平。

此外，将教师与信息技术人才有效结合，形成优势互补、专业互补、技术互补，共建开发信息化资源，提高信息化资源利用率，体现公共课程特色，更好地服务于学生培养。

3. 学校整体信息化水平

表6-18介绍了根据职业本科整体信息化水平对大学公共课程信息化资源利用水平的评估。

表6-18 从职业本科整体信息化水平看职业本科公共课程信息化资源利用水平

指标	教师		学生		综合平均值	变分推断
	平均值	变分推断	平均值	变分推断		
1. 我的大学信息化资源利用水平很高	3.82	HE	3.60	HE	3.71	HE

续表

指标	教师 平均值	教师 变分推断	学生 平均值	学生 变分推断	综合平均值	变分推断
2. 我的大学有很多在线教学设备和工具	3.74	HE	3.61	HE	3.67	HE
3. 我的大学完全被无线网络覆盖,连接能力强	3.88	HE	3.57	HE	3.73	HE
4. 我的大学对在教学中使用信息化资源的教师实行激励制度	3.93	HE	3.62	HE	3.78	HE
5. 我的大学每年都在信息化资源建设上投入资金	4.00	HE	3.64	HE	3.82	HE
综合平均值	3.87	H	3.61	H	3.66	HE

*（3.40～4.39）HE(高效)

如表 6-18 所示,就大学的整体信息化水平而言,教师大学公共课程的信息化资源利用水平获得了 3.87 的综合平均值,通过对 HE(高效)水平的解释进行评估。

这得到了以下指标的支持:我校每年在信息化资源建设上投入资金(4.00, HE);我校对教学中使用信息化资源的教师实行激励制度(3.93,HE);我所在的大学完全覆盖无线网络,连接能力强(3.88,HE);我校信息化资源利用水平很高(3.82,HE);我所在的大学有许多在线教学设备和工具(3.74,HE)。

同样,就学生所感知的大学整体信息化水平而言,大学公共课程中的信息化资源利用水平显示出 3.61 的综合平均值,并对 HE(高效)水平进行了解释。

几个指标强化了这一点:如我校每年在信息化资源建设上投入资金(3.64, HE);我校对教学中使用信息化资源的教师实行激励制度(3.62,HE);我所在的大学有很多在线教学设备和工具(3.61,HE);我所在的大学信息化资源利用水平很高(3.60,HE);我所在的学校完全被无线网络覆盖,连接能力强(3.57, HE)。

从总体上看,教师和学生评估的大学公共课程信息化资源利用水平在大学整体信息化水平方面的综合平均值为 3.66,被解释为 HE(高效)水平。

Wat 等[①]阐述了信息基础设施建设需要改善网络应用环境，优化信息化资源配置，促进信息化资源的充分利用。为此，职业本科应统筹规划、统一标准、规范建设，加大信息基础设施建设投入，在建设中不断消化、吸收和利用国际先进信息技术，保持高起点、高标准，不断完善和丰富充分利用现有基础设施，从而为职业本科信息化资源的优化配置创造良好的硬件环境，更好地发挥信息化资源在推动改革发展中的巨大作用。

Wat 还补充到，互联网已经拆除了大学的围墙，并将成为改变世界教育模式的力量。大学将逐渐失去知识守门人的垄断地位，甚至大学本身的生存也成为一个严重的问题。一批没有特色、没有创新的大学将面临严峻的生存危机。在这种背景下，职业本科必须寻求特色发展，增强竞争力。

职业本科要积极营造信息化建设氛围，构建鼓励教师参与的信息化学习建设，支持和促进公共课程教师跨空间团队的形成和发展。通过建立信息化的课程教学服务体系，促进公共课程教师的分工和管理，使教学从个体劳动向团队合作转变。

（三）按个人资料变量对学生进行分组时，职业本科公共课程资源利用水平的显著差异检验

1. 年龄

表 6-19 显示了当学生受访者根据其年龄方面的个人资料变量进行分组时，对大学公共课程中现有信息化资源利用水平状况的显著差异的测试。

如表 6-19 所示，现有公共课堂网络建设、公共课程教师在线教学工具等职业本科公共课程信息化资源利用项目的现状与学校整体信息化水平无显著差异。获得 0.684、0.642 和 0.424 的 p 值，接受零假设。因此，这意味着教师的活动交付水平不受年龄的影响。

因此，如果这是显著的，年龄差异确实影响了大学生的信息素养水平。那些

[①] Wat A, Barack M. Students' preferences and perceptions of learning in MOOCs[J]. Procedia Social and Behavioral Sciences, 2014,14(152):245-248.

高水平的人一定是年纪较大的,被证明是无效的。

表 6-19　按年龄分组对职业本科公共课程现有信息化资源利用状况的显著差异检验

子变量	变化来源	平方和	自由度	均值	方差比率	显著性	结论	解释
公共教室网络建设	组间	0.780	3	0.260	0.499	0.684	接受研究假设	无显著差别
	组内	69.363	133	0.522				
	总量	70.142	136					
公共课程教师在线教学工具	组间	0.297	3	0.099	0.133	0.642	接受研究假设	无显著差别
	组内	98.680	133	0.742				
	总量	98.976	136					
大学整体信息化水平	组间	1.510	3	0.503	0.939	0.424	接受研究假设	无显著差别
	组内	71.335	133	0.536				
	总量	72.845	136					
总体	组间	1.910	3	0.955	0.524	0.592	接受研究假设	无显著差别
	组内	75.690	133	0.798				
	总量	73.599	136					

Cha 等[1]的研究中也解释了年龄对职业本科公共课程资源利用的影响。Cha 发现,年龄对大学生信息素养的影响并不显著。也就是说,年龄增长不会对大学生的信息素养水平产生显著影响。此外,Chinmayshtha[2]认为,信息化教学氛围所形成的软环境作为一种无形的空间和场所,对教师的信息化教学意识和行为有着微妙的影响。随着社会对信息化教学的重视,许多大学建立了大型网络服务器、多媒体教学设备,引入了先进的网络课程平台、移动学习等。职业本科的整体硬件设施相对完善,但忽视了无形的软环境。

2. 性别

表 6-20 显示了当学生受访者按性别分组时职业本科基础课程现有信息化

---

[1] Cha C, Xiu Z, Dai R, et al. Evaluation of Korean Students' ICT Ability[J]. Computer and Education,2014,56(4):12-20.

[2] Chinmayshtha S. Analysis and Research on Improving Teachers' Teaching Ability by Information Technology and Distance Education Training Program[J]. Journal of Research in Vocational Education,2022,14(2):20-22.

资源利用现状的显著差异检验。

如表 6-20 所示,从性别角度来看,教师在职业本科公共课现有信息化资源利用的状况没有显著差异。对于 −1.420 的计算 t 值,通过获得 0.057 的 p 值揭示了这一点。由于这样的 p 值大于 0.05 的显著性水平,因此接受零假设。这得到了子变量计算 t 值的 p 值(0.503、0.666 和 0.629)的支持,即公共教室的网络建设、公共课程教师的在线教学工具和职业本科的整体信息化水平。

表 6-20 按性别分组对职业本科基础课程现有信息化资源利用状况的显著差异检验

		Levene's 的相等性检验		均值相等的方差 t 检验				
		方差比率	显著性	T 统计量	自由度	显著性（双尾）	结论	解释
公共教室的网络建设	等方方差	1.696	0.195	−0.672	135	0.503	接受研究假设	无显著差别
公共课程教师在线教学工具	等方方差	3.476	0.064	0.432	135	0.666	接受研究假设	无显著差别
职业本科整体信息化水平	等方方差	0.018	0.893	0.484	135	0.629	接受研究假设	无显著差别
总体	等方方差	2.078	0.151	−1.420	135	0.557	接受研究假设	无显著差别

赵国栋[1]对大学生进行了问卷调查。通过对中国四所大学的调查发现,学生的性别对大学公共课程的资源利用水平没有显著影响。尽管一些研究表明,男生在使用大学公共课程资源方面具有优势,这种影响并不普遍。因此,不可能得出性别与大学公共课程资源利用水平之间存在显著关系的结论。这些研究结果表明,性别对大学公共课程资源利用水平没有显著影响。Joke[2] 提出了课堂电子学习中教师性别差异的概念。相反,他们普遍认为男教师和男学生的信息化水平应该一致,他们可以在课堂上提供高质量的教育,并通过提供适当的信息化教材来帮助他们发展所需的信息化资源利用能力。据他们介绍,男性教师天生具有利用信息化资源的创造性学习能力。因此,所有男性教师和学生都对自

---

[1] 赵国栋.关于中国、美国和日本高等教育信息化发展的比较研究:ACCS 研究项目介绍[J].比较教育研究,2004(2):28-33.

[2] Joke L M. The influence of teacher information literacy on lifelong learning and school effectiveness[J]. Eurasian Journal of Mathematics, Science and Technology Education, 2016, 12(6):1653-1663.

己的学习和个人信息化能力感到放松和自信。总之,性别差距在有效利用信息化课堂空间、设计信息化教学活动、吸引学生注意力等方面仍能显示出一定的优势。此外,他还讨论了信息技术的使用,吸引学生参加课堂讨论,定期提问,保持眼神交流,提供练习和复习,定期安排和检查家庭作业和课堂作业以及进行课堂测试以评估学生的表现。所有这些都是教师在课堂上促进学习的任务,而不考虑性别差异。因此,他只建议教师坚持为所有学习者提供优质教育,尽管他们有性别差异。毕竟,教师是课堂上知识的源泉。

此外,Chan等[1]认为,最重要的是教师掌握信息资源的能力,并使用各种教学方法来满足学生的需求。根据Chan等的说法,无论性别差异如何,使用有效课堂管理技术的教师都可以提高学生的学习成绩。教师应设计优秀的课程,组织学生的行为,使用有效的教学方法,清晰简洁地传达信息,高效有效地管理时间,这将创造有利的学习氛围。研究还表明,学生和教师在学术话题上的直接接触可以鼓励学生在学业考试中取得优异成绩,提高他们的整体学习能力和技能。这意味着教师必须深入理解和掌握这一主题,以提高学生的学习成绩。

3. 年级水平

表6-21显示了对教师在职业本科公共课现有信息化资源利用状况的显著差异的测试,当根据学生受访者的个人资料变量按年级分组时,他们对教学持续时间的感知存在显著差异。

表6-21 按年级分组时职业本科公共课现有信息化资源利用状况的显著差异检验

	年级水平	自变量	自由度	均值	方差比率	显著性	结论	解释
公共教室的网络建设	组间	0.109	2	0.054	0.104	0.510	接受研究假设	无显著差别
	组内	70.034	134	0.523				
	总量	70.142	136					
公共课程教师在线教学工具	组间	0.530	2	0.265	0.361	0.698	接受研究假设	无显著差别
	组内	98.447	134	0.735				
	总量	98.976	136					

---

[1] Chan M K, Min Kyu K, Chiajung L. The integration of teacher belief and technology[J]. Teaching and Teacher Education, 2015, 20(29): 50-53.

续表

	年级水平	自变量	自由度	均值	方差比率	显著性	结论	解释
职业本科整体信息化水平	组间	1.579	2	0.790	1.485	0.230	接受研究假设	无显著差别
	组内	71.266	134	0.532				
	总量	72.845	136					
总体	组间	1.019	2	0.599	0.531	0.589	接受研究假设	无显著差别
	组内	71.960	134	0.798				
	总量	72.955	136					

表 6-21 显示，就学生受访者所感知的教学时间而言，教师在公共课程中现有信息化资源利用水平的状况没有显著差异，获得了 0.510、0.698 和 0.230 的 p 值，零假设被接受。这意味着学生的年级水平不受职业本科公共课程中现有信息化资源利用水平的影响。

职业本科公共课程信息化资源的利用不仅受信息素养、信息意识等个人因素的影响，还受环境因素的影响。如果要提高公共课程学生信息化资源的利用水平，既要加强对学生自身信息素养和意识的培养，又要提供更丰富、更优质的信息化资源。

Goncharenko[1] 发现，在大学生信息素养和信息能力的基础上，各种因素可以显著提高他们的信息素养，包括信息技术能力、信息化资源利用技能、信息处理能力、信息安全意识和信息伦理修养。因此，如果大学生的信息素养和信息能力得到提高，他们在大学公共课程中使用信息化资源的水平也会相应提高。此外，McCombes 等[2]的研究表明，大学生的信息素养对他们的信息行为有显著影响。信息素养高的大学生更注重信息的质量和信息来源的可靠性，这样可以更好地评估信息的可信度和价值，更有效地利用信息化资源。然而，信息素养水平低的大学生往往忽视信息质量的重要性，更容易受到一些虚假信息的影响。他

---

[1] Goncharenko T. Information Technologies as the Tool of Efficiency Improving of Future Physics Teachers Training to Laboratory Session in optics[J]. Information Technologies in Education, 2017, 17(33):33-37.

[2] McCombes R, Rogulska S, Tarasova O, et al. A Model of Foreign Language Teachers Training in the Information-Educational Environment of Higher Educational Institutions[J]. Information Technologies and Learning Tools, 2019, 72(14):66-70.

们获取和使用信息的能力也相对较低。然而,不同年级的学生可能具有相同的信息素养和水平,即新生的水平不一定低于毕业生,因为他们从小就生活在信息社会中,许多学生从小就开始接触互联网。

(四)当教师受访者根据其个人资料变量分组时,信息化资源利用水平的显著差异测试

1. 年龄

表6-22展示了教师受访者对大学公共课程资源利用水平的显著差异测试,如公共教室的网络建设、公共课程教师的在线教学工具、大学的整体信息化水平。

表6-22 教师受访者按年龄分组时职业本科公共课资源利用水平的显著差异检验

子变量	变化来源	平方和	自由度	均值	方差比率	显著性	结论	解释
公共教室的网络建设	组间	3.743	3	1.248	2.596	0.055	接受研究假设	无显著差别
	组内	63.922	133	0.481				
	总量	67.665	136	2.571				
公共课程教师在线教学工具	组间	7.713	3	0.687	3.740	0.406	接受研究假设	无显著差别
	组内	91.428	133					
	总量	99.141	136					
职业本科整体信息化水平	组间	0.304	3	1.101	0.193	0.502	接受研究假设	无显著差别
	组内	69.846	133	0.525				
	总量	70.150	136					
总体	组间	1.580	3	0.527	0.789	0.413	接受研究假设	无显著差别
	组内	88.731	133	0.667				
	总量	3.743	136	1.248				

如表6-22所示,职业本科公共课程的资源利用水平没有显著差异,计算出的F值(0.789)的p值(0.413)大于0.05的显著水平。因此,零假设被接受了。这得到了子变量计算F值的p值(0.055、0.406和0.502)的支持,即公共教室的网络建设、公共课教师的在线教学工具、大学的整体信息化水平。这意味着大学公共课程的资源利用水平不受教师受访者所认为的年龄的影响。

在 Cha 等[①]的研究中可以看出,20 世纪八九十年代青年教师的成长伴随着信息技术的蓬勃兴起。他们熟练掌握计算机硬件和软件操作,更愿意接受和使用新的信息化教学模式。然而,年龄较大的教师,习惯于传统教学方法,对信息化教学不感兴趣,信息化教学使用频率低,手段单一,难以适应信息化教学带来的挑战。

此外,Cha 讨论了教师应该从发展的角度看待自己的职业生涯。教师的成长是一个终身的过程。无论年龄大小,信息化教学都是他们专业发展的重要组成部分。自发探索信息化教学是他们自己职业规划的一部分。教师应认识到,信息化教学不仅有益于课堂,也有益于自身职业的成长。在日常生活和学习中,教师需要平衡工作与学习的关系,通过书籍或网络等媒介自发地获取综合技术的信息知识、教学方法知识和学科教学方法知识。另外,年长教师应积极参与信息技术教学相关培训,及时更新信息技术教学方法和模式,在与年轻教师的合作研究中创造终身学习环境,探索新领域,探索新技能。

正如 Grandgenett[②] 所指出的,"任何行业的成长都取决于对经验的分析和与参与者的坦诚对话。不同年龄段的同事都有自己丰富的成长资源"。公共课程教师之间开展信息化教学合作,有利于教学经验的互助和教学资源的共享,促进教师信息化教学能力的发展。不同年龄段的教师可以通过合作交流相互学习,实现思想碰撞,共享集体智慧和经验,形成教师信息化教学共同体。

Hiroyuki 等[③]的研究结论也是如此。首先,职业本科应积极组织开展多种形式的信息教学研讨会。职业本科应倡导教师"教学共同体"的形成,在青年教师与老年教师的互补组合下,实现从个体到群体的信息化教学模式。其次,学校可以建立教研技术应用基地,以教师信息技术应用能力为项目主题,发挥教研指导作用,为全校教师提升信息技术服务提供支持。此外,各职业本科间应建立学校之间的资源交流与共享,定期开展信息教学交流与合作,有效实现不同类型

[①] Cha C, Xiu Z, Dai R, et al. Evaluation of Korean Students'ICT Ability[J]. Computer and Education,2014,56(4):12-20.

[②] Grandgenett N F. Perhaps a matter of imagination:TPACK in mathematics education[M]. Handbook of technological pedagogical content knowledge(TPCK) for educators,2014.

[③] Hiroyuki A, JaMee K, WonGyu L. Communication and Level:Influencing Factors School-level ICT Comprehensive Index[J]. Computer and Education,2013,60(1):201-210.

职业本科之间信息建设的系统均衡发展。

2. 性别

表 6-23 显示了当教师受访者按性别分组时，大学公共课程资源利用水平的显著差异测试。

如表 6-23 所示，当教师受访者按性别分组时，大学公共课程的资源利用水平没有显著差异，如计算的 t 值（0.087）的 p 值（0.931）所示。由于 p 值大于 0.05 的显著性水平，因此接受零假设。也就是说，就性别而言，教师受访者对职业本科公共课程的资源利用水平有着相同的看法。

表 6-23 按性别分组时职业本科公共课程资源利用水平的显著差异检验

		Levene's 的相等性检验		均值相等的方差 t 检验			
		方差比率	显著性	T统计量	自由度	显著性（双尾）	结论	解释
公共教室的网络建设	等方方差	14.526	0.197	0.213	135	0.502	接受研究假设	无显著差别
公共课程教师在线教学工具	等方方差	1.683	0.071	0.088	135	0.381	接受研究假设	无显著差别
职业本科整体信息化水平	等方方差	3.307	0.241	−0.363	135	0.467	接受研究假设	无显著差别
总体	等方方差	1.388	0.241	0.087	135	0.931	接受研究假设	无显著差别

此外，Radoisius[①] 解释说，教师的信息化教学能力作为教师专业发展的组成部分，具有时代特征。在互联网时代，信息技术既带来了挑战，也带来了机遇。为了抓住机遇，职业本科教师必须不断追求新知识。职业本科教师的信息化教学能力是动态的，即需要经历准备阶段、创造阶段。动态发展的直接动力来自教师信息化教学发展的需要。

3. 教育背景

如表 6-24 所示，当教师受访者根据教育背景分组时，职业本科公共课程的资源利用水平没有显著差异，如公共教室的网络建设、公共课程教师的在线教学

[①] Radoisius D A. OERs and MOOCs—The Romanian Experience International Conference on Networking and Open Learning[J]. IEEE, 2014, 20(14): 1-5.

工具,由计算出的 F 值(1.385)的 p 值(0.254)揭示的大学的整体信息化水平。由于所述 p 值大于 0.05 的显著性水平,因此接受了零假设。其子变量强化了这一点,即公共课堂的网络建设($p=0.052, F=3.019$),公共课程教师的在线教学工具($p=0.637, F=0.453$),大学的整体信息化水平($p=0.416, F=0.162$)。这意味着大学公共课程的资源利用水平不受教师受访者所认为的教育背景的影响。这表明零假设是被接受的。

在职业本科公共课程中,教师对信息化资源的不同使用可能会对教学质量产生影响。当公共课程教师根据其教育背景和计算机技术等级证书进行分组时,大学公共课程的信息化资源利用水平存在显著差异。具体而言,具有高等教育背景和计算机技术等级证书的教师往往能够更好地利用信息化资源进行教学,提高学生的学习效果。

一些研究支持这一结论。例如,汪辉等[①]发现,在大学公共课程中,教师的数字素养和计算机应用水平对教学效果有显著影响,数字素养和电脑应用水平高的教师可以更好地利用信息化资源促进学生的学习。教师的信息技术能力与教学效果呈正相关。

表 6-24 按教育背景分组时职业本科公共课程资源利用水平的显著差异检验

子变量	变化来源	平方和	自由度	均值	方差比率	显著性	结论	解释
公共教室的网络建设	组间	2.917	2	1.459	3.019	0.052	接受研究假设	无显著差别
	组内	64.748	134	0.483				
	总量	67.665	136					
公共课程教师在线教学工具	组间	0.665	2	0.333	0.453	0.637	接受研究假设	无显著差别
	组内	98.476	134	0.735				
	总量	99.141	136					
职业本科整体信息化水平	组间	0.169	2	0.084	0.162	0.416	接受研究假设	无显著差别
	组内	69.981	134	0.522				
	总量	70.150	136					

---

① 汪辉,王俊,张平."互联网+"视域下大学生信息素养教育探析[J].科教文汇(上旬刊),2019(34):48-49+57.

续表

子变量	变化来源	平方和	自由度	均值	方差比率	显著性	结论	解释
总体	组间	1.830	2	0.915	1.385	0.254	接受研究假设	无显著差别
	组内	88.481	134	0.660				
	总量	90.311	136					

此外,陈岫等[1]还在一项针对大学生的研究中发现,教师的教育背景和计算机技术水平对学生的信息化资源利用水平有显著影响。他们的研究结果表明,拥有计算机技术等级证书的教师比没有证书的教师更有可能使用信息技术来支持学生的学习。这与 Yeh 等[2]的研究结果相似。前面的研究中强调信息技术在教师教学中的重要性,具有高学历的教师在某种程度上也将具有更强的学习能力和更高的信息化资源利用水平。因此,教师的教育背景和计算机技术等级证书对大学公共课信息化资源利用水平的影响也是不可忽视的因素之一。

4. 获得计算机技术等级证书

表 6-25 显示了按获得的计算机技术等级证书分组时,职业本科公共课程资源利用水平差异的测试结果。

如表 6-25 所示,当教师根据获得的计算机技术等级证书分组时,职业本科公共课程的资源利用水平存在显著差异,如计算的 F 值(0.462)的 p 值(0.036)所示。由于这样的 p 值小于 0.05 的显著性水平,因此否定了零假设。这得到了子变量的支持:公共教室的网络建设($p=0.044, F=0.412$)、公共课程教师的在线教学工具($p=0.039, F=0.236$)和大学的整体信息化水平($p=0.026, F=0.321$)。

表 6-25 按计算机技术等级证书水平分组时职业本科公共课资源利用水平的显著差异检验

自变量		自由度	均值	方差比率	显著性	结论	解释
公共教室的网络建设	组间	0.326	2	0.363	0.412	0.044	拒绝研究假设	无显著差别
	组内	64.940	134	0.485				
	总量	67.665	136					

---

[1] 陈岫.新环境下大学生信息素养的现状及影响因素[J].教育观察,2020,9(25):5-10.

[2] Yeh Y, Wu W, Chen S, et al. The effectiveness of integrating mobile devices with inquiry-based learning on environmental education for college students[J]. Sustainability, 2019,11(10):2825.

续表

自变量		自由度	均值	方差比率	显著性	结论	解释
公共课程教师在线教学工具	组间	0.348	2	0.174	0.236	0.039	拒绝研究假设	无显著差别
	组内	98.793	134	0.737				
	总量	99.141	136					
职业本科整体信息化水平	组间	0.335	2	0.167	0.321	0.026	拒绝研究假设	无显著差别
	组内	69.815	134	0.521				
	总量	70.150	136					
总体	组间	0.314	2	1.157	0.462	0.036	拒绝研究假设	无显著差别
	组内	87.996	134	0.657				
	总量	90.311	136					

当公共课程教师按计算机技术等级证书分组时，大学公共课程信息化资源利用水平存在显著差异。具体来说，拥有较高水平计算机技术等级证书的教师往往能够更好地利用信息化资源进行教学，提高学生的学习效果。

汪辉等[①]发现，在大学公共课程中，教师的数字素养和计算机应用水平对教学效果有显著影响，数字素养和计算机应用水平高的教师能够更好地利用信息化资源促进学生的学习。此外，董尊秀等[②]的研究还发现，教师的信息技术能力与教学效果呈正相关。他们的研究结果表明，拥有计算机技术等级证书的教师比没有证书的教师更有可能使用信息技术来支持学生的学习。因此，公共课程的教师应积极参与信息化培训，并获得更高水平的计算机技术等级证书，这可以直接提高他们的信息化水平和能力，从而提高他们的信息教学能力。上述评论表明，当教师受访者根据获得的计算机技术等级证书水平进行分组时，大学公共课程的资源利用水平存在显著差异，如公共教室的网络建设、公共课程教师的在线教学工具、受访者所感知的大学整体信息化水平，与本研究调查数据所反映的结果一致。这表明这项统计工作是有意义的，并验证了研究者的研究假设。已经确定，公共课程教师取得的计算机技术等级证书对公共课程信息化资源的利

---

① 汪辉,王俊,张平."互联网+"视域下大学生信息素养教育探析[J].科教文汇(上旬刊),2019(34):48-49+57.
② 董尊秀,赵文君.信息化环境下高校教师教学能力提升路径研究[J].金融理论与教学,2021(6):100-102.

用有一定的影响,应进行进一步的调查和研究,以确定教师信息培训的计划。

(五)结论

根据调查结果,得出以下结论:

第一,职业本科公共基础课现有的信息化资源利用方案在学生需求、技术知识、学科内容技术整合等方面效果显著。

第二,将调查对象按年龄、性别、年级分组后,职业本科公共课程现有信息化资源利用方案没有显著差异。

第三,根据年龄、性别和教育背景对教师受访者进行分组时,大学公共课程现有信息化资源利用方案没有显著差异,但根据获得的计算机技术等级证书对教师受访者分组时,存在显著差异。

第四,教师受访者对职业本科公共课程信息化资源利用的水平,从公共课堂网络建设、公共课程教师在线教学工具、学校整体信息化水平等方面进行了高效评价。

第五,根据年龄、性别和年级水平对学生进行分组时,信息化资源利用水平没有显著差异。

第六,根据年龄、性别和教育背景对教师受访者进行分组时,信息化资源利用水平没有显著差异,但对于获得计算机技术等级证书的教师,信息化资源利用水平有显著差异。

第七,公共课教师在加强信息化资源使用方面的参与程度适中。

第八,按年龄、性别和教育背景分组,教师受访者在信息化资源利用提升方面的参与水平没有显著差异,但在信息化主体意识利用方面存在显著差异。

第九,信息化资源的使用率不高。职业本科教育信息化人才建设和管理不到位,教师在公共课程中的信息化培训机会较少,对培训内容的满意度较低。

第十,根据研究结果,拟提议的公共课教师培训计划侧重于教师信息素养的培养、教育教学观念的更新和信息化资源的有效利用。

（六）建议

基于这些结论，可以考虑以下建议，以进一步提高教师在职业本科公共课程信息化资源利用方面的效率：

1. 大学管理人员。他们需要对公共课教师进行信息化教育教学方面的讲座和培训，组织公共课教师开展信息技术交流活动，提高他们对信息技术的理解。建议大学管理者调整其研究中提出的教师培训计划，以提高教师在职业本科公共课信息化资源利用方面的效率。

2. 教师。要积极参与信息化教学培训，不断提高自身的信息素养和水平，进一步调动学生学习公共课程的积极性。目前，根据后续调查，在本研究调查的四所职业本科中，参加过信息培训的教师称，他们的信息化教学能力大大提高，学生的课堂参与度提高了约13%。

3. 信息技术专业人员。他们应该细化信息技术的培训课程，为不同级别的教师提供不同难度的课程，并开设在线课程，这也有利于教师的重复学习和随时随地学习，这将增加公共课程教师的选择，并为其节省时间。目前，根据后续调查，在本研究的四所职业本科中，在2022—2023学年的第一学期，信息技术专业人员将培训内容分为初级和高级两类，便于教师根据自己的年级水平选择学习和培训。

4. 大学。职业本科要加大对公共课信息设施的投入，加强建设和管理，营造信息化氛围，更好地提升公共课和全校的信息化资源利用水平。目前，根据后续调查，在本研究调查的四所职业本科中，2022—2023学年上学期，公共课程信息设施建设的投资比上学期增加了约5%。

5. 未来的研究人员。探索职业本科公共课程教师信息培训的有效性，促进职业本科公共课程信息化资源的利用。如果他们进行类似的研究以进一步验证这项研究的结果，他们也可以将这项研究结果储存在相应的数据库。

调查问卷
（学生卷）

职业本科公共基础课程信息化资源利用

Ⅰ. 学生的个人资料

A. 您的年龄

_____ 15～17 岁　　　　　　_____ 18～20 岁

_____ 21～23 岁　　　　　　_____ 24 岁及以上

B. 年级：

_____ 大一新生　　　　　　_____ 大二学生

_____ 大三学生　　　　　　_____ 大四学生

C. 您的性别：

_____ 男　　　　　　　　　_____ 女

Ⅱ. 信息化资源利用的状态

请根据您对信息化资源的需求，评价学校在技术知识和技术整合方面的信息化资源利用水平。最低分数为 1 分，最高分数为 5 分。请勾选（√）相应的列，其中：

5＝完全同意（SA）；

4＝同意（A）；

3＝不确定（U）；

2＝不同意（D）；

1＝强烈不同意（SD）。

信息化资源利用的状态在学生需求方面	5(SA)	4(A)	3(U)	2(D)	1(SD)
1. 我的大学拥有可供学生访问的教育信息化资源。					
2. 我的大学拥有丰富的信息化资源,我可以离线学习。					
3. 由于连通性差,我的大学的信息化资源对我的学习帮助有限。					
4. 我的大学互联网连接使我可以在需要学习时随时访问教育信息化资源。					
5. 我的大学使我能够上网访问我的学习中所需的教育信息化资源。					
信息化资源利用的状态在技术知识方面	5(SA)	4(A)	3(U)	2(D)	1(SD)
1. 我的大学信息化资源利用条件提供了我为公共基础课程所需的技术知识。					
2. 我的大学技术人员可以帮助我在使用教育信息化资源方面具有技术知识。					
3. 我的大学提供了教学视频,以发展我随时可以预览的信息化资源的技术知识。					
4. 我的大学有老师,他们就如何通过使用在线信息化资源来应对学习的技术知识。					
5. 我的大学很少有老师为我提供有关信息化资源利用的技术知识。					
信息化资源利用的状态在技术集成方面	5(SA)	4(A)	3(U)	2(D)	1(SD)
1. 我认为教师应注意公共课程教学中信息化资源的发展和利用。					
2. 我认为,在公共课程教学中使用信息化资源应集成到每个主题中。					
3. 我认为学校网络基础架构和公共课教师的信息教学水平是影响公共课教学中信息化资源应用的因素。					
4. 我认为我的大学的老师应该将智能专业教育/腾讯课堂/超星学习通整合到主题内容中,因为它们易于使用。					
5. 我认为老师需要在主题内容中整合技术方面的培训,因为它使学习变得容易。					

Ⅲ. 信息化资源利用率

请根据您的大学在公共教室网络构建、公共课程教师的在线教学工具以及大学的整体信息化水平方面的有效性，评价信息化资源利用水平。最低分数为1分，最高分数为5分。请勾选(√)相应的列，其中：

5＝非常有效(VHE)；

4＝高效(HE)；

3＝适度有效(ME)；

2＝效率较低(LE)；

1＝无效(NE)。

信息化资源利用水平在公共教室网络构建方面	5(VHE)	4(HE)	3(ME)	2(LE)	1(NE)
1. 我的大学应提高公共基础课程中信息化资源利用的网络构建水平。					
2. 我的大学的网络建设应集中在所有公共课程课堂上为教师提供信息化辅助教学设备。					
3. 我的大学制定了有关在公共课程课堂上使用信息化资源开发的高级网络构建计划。					
4. 我的大学为公共课程教室建立了特殊的信息化资源利用网络，作为网络施工级别升级的一部分。					
5. 我的大学投资特殊资金用于公共课程中信息化资源利用的网络构建。					
信息化资源利用水平在线教学工具方面用于公共课程的教师	5(VHE)	4(HE)	3(ME)	2(LE)	1(NE)
1. 我的公共课程老师在课堂上使用互联网、视频、图片、演示文稿。					
2. 我认为公共基础课程很无聊，因为老师不使用在线教学工具。					
3. 我的大学为在公共课程主题中使用在线教学工具的教师发放奖金。					
4. 我的公共基础课程教师使用在线教学工具，这些工具可以指导和帮助我完成课堂任务和作业。					

续表

信息化资源利用水平在线教学工具方面用于公共课程的教师	5 (VHE)	4 (HE)	3 (ME)	2 (LE)	1 (NE)
5. 我的大学培训老师使用在线教学工具,从而提高了我的学习效率。					

根据大学的整体信息化水平,信息化资源利用水平方面	5 (SA)	4 (A)	3 (U)	2 (D)	1 (SD)
1. 我的大学信息化资源利用水平很高。					
2. 我的大学有许多在线教学设备和工具。					
3. 我的大学被无线网络完全覆盖,并具有牢固的连接性。					
4. 我的大学有一个激励系统,适用于在教学中使用信息化资源的教师。					
5. 我的大学每年都投资于信息化资源建设。					

调查问卷
（教师卷）

职业本科公共基础课程信息化资源利用

Ⅰ. 老师的个人资料

A. 性别：（请选择）

_____ 男　　　　　　　　_____ 女

B. 您的年龄：（请选择）

_____ 25 岁以下　　　　　_____ 25～35 岁

_____ 36～45 岁　　　　　_____ 45 岁以上

C. 您的教育背景：（请选择）

_____ 专科　　_____ 本科　　_____ 硕士　　_____ 博士

D. 您获得的计算机技术等级证书级别：（请选择）

_____ 1 级　　_____ 2 级　　_____ 3 级　　_____ 无

Ⅱ. 信息化资源利用的状态

请根据您对信息化资源的需求，评价学校在技术知识和技术整合方面的信息化资源利用水平。最低分数为 1 分，最高分数为 5 分。请勾选（√）相应的列，其中：

5＝完全同意（SA）；

4＝同意（A）；

3＝不确定（U）；

2＝不同意（D）；

1＝强烈不同意（SD）。

信息化资源利用的状态在学生需求方面	5(SA)	4(A)	3(U)	2(D)	1(SD)
1. 我的大学拥有可供学生访问的教育信息化资源。					
2. 我的大学拥有丰富的信息化资源，我可以离线学习。					
3. 由于连通性差，我的大学的信息化资源对我的学习帮助有限。					
4. 我的大学互联网连接使我可以在需要学习时随时访问教育信息化资源。					
5. 我的大学使我能够上网访问我的学习中所需的教育信息化资源。					
信息化资源利用的状态在技术知识方面	5(SA)	4(A)	3(U)	2(D)	1(SD)
1. 我的大学信息化资源利用条件提供了我为公共基础课程所需的技术知识。					
2. 我的大学技术人员可以帮助我在使用教育信息化资源方面具有技术知识。					
3. 我的大学提供了教学视频，以发展我随时可以预览的信息化资源的技术知识。					
4. 我的大学有老师，他们就如何通过使用在线信息化资源来应对学习的技术知识。					
5. 我的大学很少有老师为我提供有关信息化资源利用的技术知识。					
信息化资源利用的状态在技术集成方面	5(SA)	4(A)	3(U)	2(D)	1(SD)
1. 我认为教师应注意公共课程教学中信息化资源的发展和利用。					
2. 我认为，在公共课程教学中使用信息化资源应集成到每个主题中。					
3. 我认为学校网络基础架构和公共课教师的信息教学水平是影响公共课教学中信息化资源应用的因素。					
4. 我认为公共课老师应该将智能专业教育/腾讯课堂/超星学习通整合到主题内容中，因为它们易于使用。					
5. 我认为公共课教师需要在主题内容中整合技术方面的培训，因为它使学习变得容易。					

Ⅲ. 信息化资源利用率

请根据您的大学在公共教室网络构建、公共课程教师的在线教学工具以及大学的整体信息化水平方面的有效性,评价信息化资源利用水平。最低分数为1分,最高分数为5分。请勾选(√)相应的列,其中:

5＝非常有效(VHE);

4＝高效(HE);

3＝适度有效(ME);

2＝效率较低(LE);

1＝无效(NE)。

信息化资源利用水平在公共教室网络构建方面	5 (VHE)	4 (HE)	3 (ME)	2 (LE)	1 (NE)
1. 我的大学应提高公共基础课程中信息化资源利用的网络构建水平。					
2. 我的大学的网络建设应集中在所有公共课程课堂上为教师提供信息化辅助教学设备。					
3. 我的大学制定了有关在公共课程课堂上使用信息化资源开发的高级网络构建计划。					
4. 我的大学为公共课程教室建立了特殊的信息化资源利用网络,作为网络施工级别升级的一部分。					
5. 我的大学投资特殊资金用于公共课程中信息化资源利用的网络构建。					
信息化资源利用水平在线 教学工具方面用于公共课程的教师	5 (VHE)	4 (HE)	3 (ME)	2 (LE)	1 (NE)
1. 我在公共基础课程中使用互联网、视频、图片和演示文稿。					
2. 我认为公共基础课程很无聊,因为老师不使用在线教学工具。					
3. 我的大学为在公共课程主题中使用在线教学工具的教师发放奖金。					
4. 我的大学的公共基础课程教师使用在线教学工具,这些工具指导和帮助学生完成课堂任务和作业。					

续表

信息化资源利用水平在线 教学工具方面用于公共课程的教师	5 (VHE)	4 (HE)	3 (ME)	2 (LE)	1 (NE)
5. 我的大学训练老师使用在线教学工具,从而提高学生的学习效率。					

根据大学的整体信息化水平,信息化资源利用水平方面	5 (SA)	4 (A)	3 (U)	2 (D)	1 (SD)
1. 我的大学信息化资源利用水平很高。					
2. 我的大学有许多在线教学设备和工具。					
3. 我的大学被无线网络完全覆盖,并具有牢固的连接性。					
4. 我的大学有一个激励系统,适用于在教学中使用信息化资源的教师。					
5. 我的大学每年都投资于信息化资源建设。					

Ⅳ. 教师受访者对他们增强信息化资源参与水平的评估

请根据您在大学信息化资源利用中参与水平的评估得分。最低分数为1分,最高分数为5分。请勾选(√)相应的列,其中:

5＝完全同意(SA);

4＝同意(A);

3＝不确定(U);

2＝不同意(D);

1＝强烈不同意(SD)。

教师受访者对他们增强信息化资源参与水平的评估	5(SA)	4(A)	3(U)	2(D)	1(SD)
1. 我认为普及信息技术应用意识可以提高公共课教师信息化资源利用的水平。					
2. 我认为参加信息化培训可以提高公共课教师信息化资源利用的水平。					
3. 大学管理者认为公共课程教师提高了信息化资源参与水平。					

续表

教师受访者对他们增强信息化资源参与水平的评估	5(SA)	4(A)	3(U)	2(D)	1(SD)
4. 我在信息教学比赛中获得了更好的排名,尤其是在训练之后。					
5. 我认为参加培训后,我的信息技术应用意识、信息技术应用水平和信息创新能力都有所提高。					

Ⅴ. 信息化资源利用中遇到的挑战

请根据您在大学信息化资源利用中遇到的挑战的评估得分。最低分数为1分,最高分数为5分。请勾选(√)相应的列,其中:

5＝完全同意(SA);

4＝同意(A);

3＝不确定(U);

2＝不同意(D);

1＝强烈不同意(SD)。

信息化资源利用中遇到的挑战	5(SA)	4(A)	3(U)	2(D)	1(SD)
1. 信息化资源的构建直接影响了高等教育教学的效果。					
2. 公共课教师在信息化培训时遇到的挑战很大。					
3. 所有的公共课教师都要使用信息化教学是一个挑战。					
4. 在公共课课堂上合理地利用信息化资源是一个挑战。					
5. 每所大学都要具备信息化环境是个挑战。					

Ⅵ. 访谈

请回答以下开放式问题。

1. 您认为在当前公共课程教学中使用信息化资源的价值是什么?

_____

_____

_____

2. 您是否经常在公共课程的教学中使用信息化资源？为什么？
　　_____
　　_____
　　_____

3. 您如何看待公共基础课程教师的信息化培训？您是否已经参加过信息化培训？
　　_____
　　_____
　　_____

4. 通过使用信息技术和数字资源（例如成功或失败的经验），在教学过程中给您留下了怎样的深刻印象？
　　_____
　　_____
　　_____

5. 您对在公共基础课程的教学中使用信息化资源有任何建议吗？
　　_____
　　_____
　　_____

6. 您在信息化资源利用中遇到了哪些挑战？
　　_____
　　_____
　　_____

第七章

职业本科院校"中文+职业技能"
　　教育输出体系探索

本章概要：

> 作为国际人才培养的新体系，"中文＋职业技能"推动国际中文教育和职业教育协同发展，具有丰富的教育内涵和鲜明的学科属性。目前，我国职业教育在国际化发展道路上仍然存在全球适应性不足、教学平台不完善、师资力量不足等现实问题。讨论"中文＋职业技能"教育发展内涵，探索国际化人才培养体系，加强标准引领，构建理论实践一体教学平台，强化国际化人才教育理念，是铺垫特色职业教育走出去道路的有效方式。

"一带一路"倡议带动了中国与沿线国家之间的经济贸易往来，熟练掌握沿线国家语言，并且拥有过硬的相应专业素质的人才越来越受到中国与沿线国家的青睐。尤其是随着中国的日益强大，沿线国家的人民群众也对中国充满向往和期待，学习中文已经成为沿线国家新的热潮。因此，培养中国与沿线国家交流的专业人才，服务中企与沿线国家的贸易需求，响应国家制定的"一带一路"倡议，是每个职业教育院校不懈的追求，也是国家和人民赋予职业教育院校的重大历史责任和使命。

"中文＋职业技能"教育是语言国际教育与职业教育协同发展的新型教育体系。在经济全球化和国家"一带一路"的发展背景下，中国与沿线国家的资本交流日益频繁，拥有相应的语言与业务技能的人才缺口日益增大，亟待职业教育培养更多的人才，实现中国与沿线国家的产能合作。在中国企业与沿线国家交流和贸易的过程中，需要企业融入沿线国家当地发展，而企业往往面临着沿线国家当地的雇员不懂中文，无法与中国企业正常交流，更无法理解中国企业的管理规定、企业文化等，给中国沿线国家的双方人员都带来极大困扰。而职业教育的中文教育和企业技能教育完美融合，不仅解决了沿线国家人员不懂中文的问题，而且在教育过程中融入企业业务技能教育，完美解决中外企业融合中的矛盾，因此已经被越来越多的中国企业和沿线国家所关注[1]。因此，如何构建兼容中文教

---

[1] 尤咏.跨文化背景下"中文＋职业技能"国际推广基地的发展策略研究[J].职业技术教育,2021,42(32):77-80.

育和职业技能教育的人才培养体系,是每个高职院校亟待解决的问题,也是我国对外发展重要的课题,对于我国"一带一路"倡议的实施,有着重要的意义,也逐渐成为经济全球化发展的热门课题。

一、"中文+职业技能"教育的发展历程

2018年12月,孙春兰副总理指出"汉语+"项目实施的必要性和重要性,并且指出高职院校要在语言教学中把企业所需求的各项职业技能作为教育特色,实现"中文+职业技能"项目在中国与东道主国家的经济交流和文化融合。2020年9月,"中文+职业技能"被正式明确为国际中文教育的教育项目,同年年底,在北京举办的国际中文教育交流周中,关于这一教育项目被深入分析和探讨,很多高职院校纷纷把"中文+"列入了发展规划。2022年5月1日,我国出台了新版的《中华人民共和国职业教育法》,为"中文+职业技能"教育奠定了坚实的法律基础,离中文教育与职业技能教育的融合实现更近了一步[1]。

经济全球化下,随着中国国际影响力逐渐提高,越来越多的国家已经把中文教育作为该国重要的教育课程。当前实现中文教育的国家已经多达70余个,中文课程在近四千所大学被列入了大学研习课程,全世界接触中文教育的学生已经超过了2亿人。中国的日渐强大吸引了越来越多的人开始对中华传统文化感兴趣,也让越来越多的人开始学习中文。在此背景下,我国的高职院校要以国际化交流为契机,以持续增大的国外学员群体为基础,将国外的教育思想引入高职院校的教育体系当中,实现高职院校与境外办学相结合,实现"中文+职业技能"走出国门,实现国际文化交流,赋予"1+X"教学证书更多的教育意义,促进更多国际学生参与教育。

二、职业本科院校"走出去"体系特点

从2017年开始,高职院校已经开创了海外办学的教育体系,成为境外企业

---

[1] 耿虎,马晨."一带一路""中文+"教育发展探析[J].闽南师范大学学报(哲学社会科学版),2021,35(1):117-124.

培养企业所需人才的重要渠道,实现了海外教育资源的多元化。当前,高职院校主要有三种教育体系。

第一,校企合作体系。这一体系是学校和企业相结合的教育体系,通常是以企业作为教育的主导,学校作为教育的辅助。随着我国提出"一带一路"倡议,很多企业有参与"一带一路"发展的动机,而这些企业在雇佣当地的员工时,非常缺乏既有中文语言技能还有职业技能素养的复合型人才。企业与学校相结合,实现校企合作,在东道主国建立职业技术培训的学校,培养优秀的当地员工。在这一教育体系中,中国有色金融矿业集团是优秀的成功案例。2015年,中国有色金融矿业集团与我国的高职院校合作,在赞比亚开展职业技术培训,实现当地人才的培养,并且取得了良好效果,实现了企业在当地的发展壮大。

第二,政府主导体系。这一体系由政府出面主导,学校和企业作为辅助,实现企业与学校的参与。这一教育体系中,天津市"鲁班工坊"是优秀的成功案例。该教育项目是由天津市政府作为顶层设计,协调职业教育院校和当地的企业,实现当地高职院校与企业的合作,从而为企业培养大量的高技术素养的人才。这种体系的优势是政府出面主导,不仅能够统筹全市的教育、经济、人才资源,而且能够极大地推动天津市与境外企业的合作,有利于高职院校、企业和当地经济的发展。

第三,院校主导体系。这一体系由高职院校主导,实现跨境教育。这一教育体系也是当前最常见的形式,包括师生留学、联合学位以及高职院校在海外直接设立学院等形式。这些教育体系主要是高职院校教育人员的交流。这种教育体系的优势是非常灵活,不仅可以实现教育资源的共享,而且能够实现国内高职院校和境外高职院校的共同发展。截至2022年,我国已经有超过400所院校实现了这一教育体系的办学,来我国的国际学生超过了1.7万人。在"一带一路"倡议的影响下,沿线国家的学生已经成为这一教育体系的主要来源[1]。

---

[1] 高喜军."一带一路"背景下职业教育"走出去"路径探究[J].北京教育(高教),2022(8):19-23.

三、职业本科院校实施"中文＋职业技能"教育体系探索

(一)实施"中文＋职业技能"教育的意义

1. 战略服务,实现国际化人才培养目标

"一带一路"倡议对于中国与"一带一路"共建国家经济交流、文化融合有着非常深远的影响,具有非常重要的意义。为了服务这一伟大倡议,高职院校要以实现国际化人才培养目标为己任,以当前国际学生充足的培训资源为契机,以国际人才的培养和输出为手段,从而培养出既有中文语言技能,又拥有专业技能素养的复合型人才,实现我国与"一带一路"共建国家的文化融合与经济交流,遵循东道主国家的法律法规,实现中资企业在当地的可持续发展。

2. 人才培养,为海外中资企业提供人才支撑

目前,我国企业加快了"走出去"步伐,而"走出去"的企业由于成本原因,往往首选东道主国家的居民雇佣为企业员工,但是"一带一路"共建国家中,国与国之间的发展水平不同。很多国家经济水平不高,因此企业雇员的职业技能欠缺,不懂中文,无法融入中资企业的企业文化,阻碍了企业在当地的发展,已经形成了日益增长的企业对员工技能要求与当地雇员中文能力有限、职业技能素养不高之间的矛盾。为了消除这一矛盾,在多年的实践中,中国的高职院校已经逐渐培养对标中资企业产业标准的人才,实现对接中资企业人才需求的专业化人才,为我国"一带一路"倡议的实现培养了大量的受过中文语言教育且拥有高技能素质的复合型人才。

3. 品牌建设,提高职业教育国际话语权

在"一带一路"倡议下,来中国学习的国际学生数量日益增多,越来越多对中华传统文化充满向往的国际学生想要进一步了解中国,因而高职院校担负起中华优秀传统文化的传播和东道主国文化融合的责任[1]。高职院校建立自己的品牌,通过品牌效应吸引更多的国际学生前来参与"中文＋职业技能"教育,不仅传

---

[1] 教育项目研究组. 构建"中文＋职业技能"教育高质量发展新体系[J]. 中国职业技术教育,2021(12):119-123.

播了中华优秀传统文化,而且实现了国际学生对中国历史文化的学习,促进国际学生了解中国的民俗风情,对于实现中国与"一带一路"共建国家的深度合作、提升中国在国际社会中的影响力具有重要意义。

(二)实施"中文＋职业技能"教育的挑战

"中文＋职业技能"是高职院校"走出去"境外办学体系的探索。但其国际化发展程度在与全球适应性、标准建设与体系建设等问题上仍然存在诸多挑战。

1. 全球适应性不足,缺乏发展潜力

"中文＋职业技能"的教育体系对于涉及的区域和国家都有一定的局限性,究其原因,主要取决于目标国所使用的语言限制。例如在"一带一路"发展倡议下,高职院校所教授的中文教育目标国普遍是"一带一路"共建国家,而这些国家当地所使用的语言往往不是英语,因此中文教育的目标带有一定的局限性。为了能够与当地的文化相融合,高职院校的职业技能教育与中文教育往往都是与当地的东道主国家文化、生活习俗和法律法规相吻合,扫除中资企业在当地发展的语言障碍和文化障碍,因此高职院校的教育都是非常有针对性的,能够实现中资企业在当地迅速开展工作。另外,高职院校的教育内容都得到了当地政府和学校的认可,使"中文＋职业技能"的教育体系在这些"一带一路"共建国家能够得到更好的推广和实施。但是与此相对应的是,与东道主国的高度契合意味着全球性的适应不足,无法将这种教育体系应用于国际上的其他国家,因此在发展潜力方面存在一定欠缺。

在当前发展机遇下,高职院校利用境内、境外现有资源,启动了一批境外办学项目,办学效果并未完全实现预期。从实施环境来看,项目前期建设的可行性调研和论证有限,后期发展受当地诸多因素限制。从培养方式上看,由于与合作学校课程设置差异,语言教学穿插在教育大纲中,课程次数有限,学生学习效果不太理想;专业课程教学量整体偏少,加上学生语言障碍,上课效果不太理想,学生并没有完全掌握专业操作技能,未能实现与"走出去"企业人才需求精准对接。

2. 教育体系建设不全,缺乏发展动力

作为高职院校办学新领域和教育资源输出的新尝试,境外办学教育"走出去"国际化教学资源后备力量供给不足。首先,职业中文能力标准建设有待完善。由于不同专业领域的差异性，职业中文能力标准建设存在困难。长期以来，职业教育以"引进来"为主，引进并借鉴德国双元制、英国现代学徒制等西方职业教育的职教标准和管理经验，而"走出去"相对较少，输出本校教育课程标准并被合作国以及合作院校采纳的较少，在职业教育国际交流的国际影响力有待提升。其次，教学配套体系建设还需完善。目前对外汉语教材种类丰富，涵盖建筑、旅游、医学等多种专业，为"中文＋"教育的开展提供了良好支撑。相较于对外汉语教材的种类繁多，专业教材则研发不足，内容建设不够丰富，无法满足学习需求，教学适应性不足[①]。因此，要丰富"中文＋"教育的适应性和多样性，需要加大专业教材研发力度，建设多种类教学资源。再者，国际化教学师资力量较弱。教师的国际化教学水平能够影响学校国际化发展程度，专业教师外语功底较差，难以完成跨文化课堂教学。海外本土教师缺乏中文语言训练，相关专业知识储备与输出教学课程知识存在差距。此外，职业领域类型繁多，不同国家和地区经济发展水平不同以及中文学习者个人需求不同，对"中文＋"教育的师资力量提出更高要求。

3. **办学经验不足，缺乏发展合力**

当前，我国的高职院校普遍仍处于传统办学体系中，在境外办学的高职院校非常少，办学经验严重不足，成功案例不多，因此没有形成一套完整、成熟的境外办学机制。同时国内也缺乏将境外资源与国内教育资源整合的平台，加上不同的办学主体和利益诉求，因此高职院校在境外办学往往没有达到预期的效果。2019年，我国出台了《高等学校境外办学指南（试行）（2019年版）》（后简称《指南》），对于高职院校的境外办学，提出了在实施方面的指导和规范。但是在《指南》中，涉及与东道主国实现办学资源与教育资源整合的机制并没有明确的规定，也没有涉及在东道主国办学需要遵循的法律法规，因而对于高职院校的境外办学来说仍缺乏发展合理性，亟待得到国家立法层面的支持[②]。

---

① 刘必旺,谈颖.高职院校"中文＋职业技能"境外办学实施路径研究[J].职业技术,2022,21(2):1-5.
② 孟源,商若凡."中文＋职业技能"教育:发展脉络、现实挑战与路径选择[J].中国职业技术教育,2022(29):28-33.

(三)实施"中文+职业技能"教育的路径

在经济全球化的今天,中国企业不仅迫切需要拥有能够懂得国际交流与贸易的专业人才,更重要的是需要熟练应用东道主国家语言且自身拥有专业技能的人才。这种复合型的人才已经超出了传统教育体系培养人才的要求,只有"中文+职业技能"教育体系,才能够填补培养这种复合型人才的教育领域空白。因此,高职院校要明确"中文+职业技能"教育的目标,创新办学体系,实现中文教育与职业教育的高度融合,培养企业所需的关键技术人才,实现中资企业在东道主国的进一步发展。

1. 加强政策指引,确保高质量办学

(1)明确办学定位,科学制定发展规划

高质量办学的前提是明确办学的定位,才能够合理规划学校未来发展的规划。对于高职院校的办学现状来说,由于"中文+职业技能"的教育体系处于起步阶段,教学内容方面仍然需要进一步补全,教学标准和制度管理方面也存在一定欠缺,暴露出对学生的培养存在不足。因此,学校要加强对"走出去"企业人才需求进行深入了解,调研合作国国家文化、政策制度、发展国情等,确定"中文+职业技能"教学目标,有针对性地开展国际中文教学项目,科学制定发展规划。

(2)对接企业需求,探索多元办学体系

经过我国职业教育院校的多年实践和探索,逐渐在"中文+职业技能"的教育领域形成了比较成熟的教育体系。第一种是职业院校直接在海外创办职业教育院校。第二种是职业教育院校与中国的企业联合,按照中方企业在国外业务中的人才需求,制定合理的培养体系和计划,为中方企业培养符合要求的当地雇员。这种体系比较成功的案例是中国与赞比亚合作的职业技术学院,在职业院校的人才培养中,院校与当地政府、中方企业高度融合,三方参与一起建立了人才培养新体系。第三种是由中国职业院校和国外的职业院校一同合作,创建合作品牌,从而实现中文教育和职业教育融合的人才培养体系。这种体系比较成功的案例有天津的"鲁班工坊",该项目就是在天津市政府的主导下,由中国的职业院校和中资企业一同打造,实现了具有当地特色的"中文+职业技能"培养体系,为企业输送了大量优秀技术人才。因此可以看出,在"中文＋职业技能"的教育体系当中,需要把中文教育作为教育核心,以专业技能作为辅助,实现职业教育特色,探索多元灵活的教育体系,提升教育国际化水平,增强全球适应性和竞争力[1]。

2. 构成教育体系,建设教育平台

(1) 开设特色课程,促进人才培养

课程组建是"中文＋职业技能"教育体系的先锋。推动构建"中文＋职业技能"高质量教育体系,结合本土化人才需求,深化教学内容改革,开发教学技术标准、产业标准,凝练语言教学。突出职业教育,将单一语言教学转向"中文＋"的复合教育体系,梳理"中文＋"教育体系的学习领域,开展产业调研,挖掘课程教学内容。开设特色课程,建设提升海外员工和本土员工的交际能力,为所在国学生和社会人员的创业就业提供便利与支持[2]。

(2) 强化师资队伍,壮大师资力量

师资建设是"中文＋职业技能"的保障。组建国际汉语教师团队,鼓励教师参加海外培训、教师研讨等,拓宽教师国际化视野,提高教师国际化教学能力。组织教师参加中国文化知识和汉语言学习、职业技能实操和实训,增强教师队伍专业授课能力和专业教学水平。同时,注重教师跨文化交际能力,帮助教师提高文化适应性,组织教师参加合作国国情、社会习惯、法律法规等相关培训,全方位提高教师教学能力,使其在技术教学中融入语言培训,在专业教学里贯通文化精神,从而提升国际学生对中国企业和中国文化的认可[3]。

3. 协同产教融合,推进人文技术交流

(1) 促进校企合作,做好实习基地建设

产教融合是"中文＋职业技能"的途径。语言培训是国际中文教育的必要输出,职业教育是国际中文教育的主要特色。"一带一路"的深入推进带动更多中

---

[1] 潘颖.互联网背景下"中文＋职业技能"导向高职对外汉语教学实践[J].办公自动化,2022,27(17):16-18+9.

[2] 黄路路."中文＋职业技能"背景下高水平高职院校国际汉语课程教学研究与实践[J].创新创业理论研究与实践,2022,5(16):11-13.

[3] 葛春颖."提质培优"背景下"中文＋职业技能"项目建设研究[J].电脑迷·教师研修,2022(2):52-53.

资企业走向海外,中外合资企业不断涌现,为合作对象国带来更多就业机会。高职院校主动融合职业教育和语言教学,发挥职业院校优势,广泛参与国际劳务合作,服务国际产能,调动学校社会资源开展校企协同、国际协同。高职院校积极建立校外实践教学基地,以订单班、嵌入式课程等方式,为师生开展语言技能培训,将语言学习、技能培训和文化讲解融入培训教学,帮助受训学员在学习过程中理解和认可中国文化,进而辐射社会,培训社会人员和企业员工等,提高中资企业海外员工的跨文化交际能力,促进地区内企业经济效益的提高。

(2)搭建育人平台,推进人文技术交流

平台建设是教育的媒介,高职院校积极推进海内外实习实训基地建设,发挥多主体协同育人优势。积极推动友好院校之间的合作联系,鼓励海内外师生参与到科研交流、交换生、课程共建等国际合作中来,形成自下而上的对外交流氛围,扎实师生交流基础,促进中外文化交流和民心相通。主动探索国际合作项目,提高师生跨文化交际能力和文化理解力,促进中外文化和教育包容与合作。构建国际化人才培养教育体系和实践体系,将教学应用与实践深化深度结合,提高师生国际交流主人翁意识,创新国际交流素养和能力,树立良好中国工匠精神形象,促进中国文化的国际传播和国家间的人文技术交流。

综上,在经济全球化和我国"一带一路"发展倡议背景下,传统的教学思维已经不足以满足中国对外发展的需求。在进行中文教育的同时融合业务技能教育的"中文+职业技能"教育,已经逐渐成为中国与"一带一路"沿线国家人才的重要培养体系。"中文+职业技能"教育体系,不仅遵循了实用性的特点,能够实现沿线国家的企业雇员业务技能的提高,而且在实际工作情境中融入语言学习,帮助沿线国家雇员提高中文水平,理解中方企业规章制度和企业文化,对于中国与沿线国家的资本交流和企业文化传播都有着非常重要的意义。因此,"中文+职业技能"教育体系需要加强政策指引,确保高质量办学,积极构成教育体系,建设教育平台,实现协同产教融合,推进人文技术交流,从而实现中国制造的发展和推广。培养优秀的企业专业人才,传播我国企业文化,推广我国优秀的职业教育,为我国对外贸易提供可持续性的发展奠定坚实的基础,实现中华民族的伟大复兴。

第八章

职业本科院校育人文化体系构建

本章概要：

  在新时代的新语境下，职业本科推动文化育人是落实立德树人根本任务、适应新时代人才培养质量的必然要求，而实施文化育人的首要任务是构建科学先进的育人文化体系。职业本科教育作为一种新的本科教育类型，其育人文化的内涵首先具有一般本科教育的精神性、创新性和地域性等共性特征，同时又具有技术性、职业性的职业教育类型特征。根据职业本科教育遵循劳动和技术的复杂性提升后的新工作场域逻辑，其育人文化在精神文化、技术文化、职业文化、创新文化、地域文化等五个层面分别具有工匠精神、科技素养、职业素质、创新能力和本土意识的逻辑向度。基于职业本科育人文化的内涵特征和逻辑向度，构建"四元融合，五化同步"的育人文化体系，充分发挥育人文化载体作用，以培养职业本科学生内化于心的工匠精神、过硬的科技与职业素养、良好的创新和服务意识。

  职业本科是兼具文化与育人双重意义的重要场所，是新时代中国特色社会主义文化建设的排头兵。《中共中央国务院关于进一步加强和改进大学生思想政治教育的意见》要求"推动中华优秀传统文化融入教育教学，加强革命文化和社会主义先进文化教育""构建展示我国社会主义特色、时代特点和职业本科形象的校园文化"。"文化"本身就是内容（文）和手段（化）的有机结合，涉及两个相对应的教育概念：文化育人与育人文化。[①] 因此，在具体教育实践中，职业本科文化育人首先要明晰其内容（载体）——育人文化，即一切用来培养和教化人的文化内容与文化载体，且不同类型层次的职业本科要根据人才培养的使命、内涵和实践界定符合自身特性的育人文化，清晰地把握住适合自身教育定位的育人文化内核。[②] 目前，高等职业教育作为一种高等教育类型，涵盖高职专科、职业本科和专业研究生教育。而且在本科层次职业学校的批复函中，教育部明确要

[①] 管宁.新时代马克思主义文化创新发展的新维度[J].东南学术，2018(6):1-9+246.
[②] 朱庆葆.以文化育人促进人的全面发展[J].中国高等教育，2012(17):1.

求"学校要坚持职业教育办学定位,保持职业教育属性和特色,培养区域经济社会发展需要的高层次技术技能人才"。基于这样的人才培养目标定位,职业本科教育要构建符合自身教育类型特征的文化育人体系,首先要界定其育人文化的特殊内涵,理清其育人文化的逻辑向度,积极推进职业本科育人文化内容建设,对促进职业本科教育高质量培养高层次技术人才具有十分重要的意义。

一、职业本科育人文化的内涵辨析

职业本科育人文化是职业本科在教育实践中创造和积累的精神、物质、制度和行为文化的总和,包括职业本科在育人过程中所采用的人类所创造的一切优秀文化内容和载体,代表了学校人才培养的核心理念、理论高度、创新水平,是人才培养质量的标志。[1] 职业本科院校通过构建符合时代发展、产业变革以及自身类型层次特征的育人文化,既是人才培养的责任和使命,也是打造职业本科教育质量品牌的现实需要。而职业本科教育具有职业教育类型属性和本科教育的层次属性,其文化育人内涵与普通本科教育既有相通之处,又有其特殊性。

(一)本科教育育人文化的共性

1.精神性。精神是人们看待世界的思想观念和心理状态,属于意识形态范畴,具体表现为思维方式、价值取向、道德伦理、行为理念和审美观念等精神层面,并在文化中呈现为精神文化形态。精神文化是职业本科长期积淀形成的反映学校整体精神面貌、文化风貌和文化气质,是职业本科育人文化的首要内涵,主要体现为职业本科积淀和优选的核心信仰、艺术、道德、知识等精神理念和意识形态。精神文化的内涵十分丰富,既包括社会主义核心价值观为主体的当代中国精神文化,也包括具有优秀思想价值和精神内涵的中华传统文化、红色革命文化以及不同领域的文化[2]。因此,精神文化是职业本科首选育人文化,从而全

---

[1] 程刚.新时代高校文化育人途径探析[J].思想理论教育导刊,2018(10):136-139.
[2] 曾丽雅.关于建构中华民族当代精神文化的思考[J].江西社会科学,2002(10):83-88.

面塑造学生的社会主义意识形态和社会主义核心价值观。依照职业本科的高等教育属性,精神文化是其首要的育人文化,培养学生综合精神品质、道德修养,也是衡量"为谁培养人,培养什么样的人"的重要标志。

2. 创新性。创新性是本科教育的主要内涵之一,也是其育人文化的重要特征,并以创新文化的心态存在其中。创新文化指人们在创新活动中形成的创新精神财富和物质形态,是一种培育创新的文化,包括创新价值观、创新准则、创新制度、创新规范和创新环境等。创新文化是组织(尤其是企业和研究机构)发展的重要推动基因,能够激发成员和团队的创新意识、创新热情和主观能动性。[1]普通本科的学科文化重视特定学科领域的学术观和方法论,包括学术传统、价值理念、群体观念、学术准则等学术精神和规制范畴,一定程度上涵盖了学术文化和创新文化。普通本科文化育人体现在利用学科文化培养学生的科学思维、学术修养和创新能力。其中,研究型本科教育人才培养的核心理念是精英教育,培养拔尖创新型人才,其育人文化应当侧重于以开放、包容、求真、创新的精英文化,营造培养学术大家和科学创新精英人才的文化环境。职业本科虽然弱化理论创新能力培养,但强调实践应用创新能力培养,因而创新性应当纳入其育人文化内涵之中。

3. 地域性。文化的地域性是指文化在特定地域环境中产生、发展与融合而形成的独特地域特征烙印或者文化在特定地域的专属性,具有这样特征的文化一般称为地域文化。文化地域性使得特定区域的人们具有强烈的文化认同感,对地方民众具有文化凝聚力,从而为经济社会发展提供精神动力和文化价值。[2]我国地域文化专指中华大地特定区域源远流长、独具特色,传承至今仍发挥作用的文化传统,是特定区域的生态、民俗、传统、习惯等文明表现。职业本科立足于特定的城市地域生存和发展,其文化既吸收了地域文化气息,又对地域文化具有自主意识和行动使命,与时俱进地促进地域文化发展。职业本科院校在高职专科阶段就一直融入区域办学和肩负服务区域发展的使命,地域文化理应成为其重要组成部分。

---

[1] 赵军,杨阳.创新文化的缘起、实践与演进——以中国科学院为例[J].中国科学院院刊,2021,36(2):208-215.

[2] 蔡亮,张策华.论新时代大学文化的创建途径[J].江苏高教,2019(12):138-141.

（二）职业本科育人文化的特性

1. 技术性。技术在长期的发展积累过程中本身也成了一种文化，即技术文化，也在很多语境下被称为科技文化。技术文化的本质是技术的人文化，指技术蕴含的思想、精神、方法、观点、语言及其历史文化。技术文化蕴含着科学精神、严谨思维和规范价值，同时也可以发挥其文化黏性整合校企文化之间的冲突。职业本科教育属于高等职业教育类型的本科办学层次，办学主体职业本科院校主要由高职专科院校升格或高职专科院校与独立学院合并转设而来。[1] 是否采用普通本科教育的学科教育颁发学位证书，职业本科教育尚未形成最终定论。当前教育行政部门对职业本科教育的定位是保持职业教育特色，培养高层次技术技能人才，是职业教育和技术教育有机结合的类型体现，教育部颁布的《本科层次职业教育专业设置管理办法（试行）》也在制度层面上避开了学科的提法。因此，职业本科教育的文化育人特殊属性中，学科文化不是重点，重点在于技术文化。

2. 职业性。职业本科育人文化的职业性源于其职业教育的类型特征，具有自然的职业文化构成特性。职业文化广义上指现代性职业中形成的具有普适意义的职业文化，狭义上指某种具体职业的独特职业文化，对个体工作心理和行为产生潜移默化的影响。职业文化诞生于企业和行业，与企业文化和行业文化有着深度嵌合的关系，体现了企业行业的文化、制度、习俗与道德，具体可分为职业道德、职业精神、职业纪律和职业礼仪等，其中职业精神涵盖着追求精益求精的工匠精神。职业本科教育具有职业教育属性，且主要由高职高专院校升格而来，其育人文化应当与高职专科育人文化一脉相承并具有自身特质。相较于普通本科教育，我国高职专科教育起步较晚，快速发展集中于近20年时间里，且高职院校大多是由中职院校升格上来，其育人文化的积淀尚未形成一定的厚度、深度和广度，但也积淀形成了符合自身特点的职业文化。职业文化是高职专科教育几十年的发展过程中，围绕培养生产一线的高素质技术技能人才的定位，通过产教

---

[1] 陈兴明，王静函.本科层次职业教育试点：意蕴、困境与对策[J].机械职业教育，2020(12)：1-4.

融合、校企合作协同育人形成的独特育人文化,具体涵盖了企业文化、行业文化、工匠文化。

综上所述,职业本科教育具有本科教育属性又具有技术教育、职业教育属性,职业本科育人文化应包含五个基本层面的文化,即精神文化、创新文化、地域文化、技术文化、职业文化。职业本科教育在精神文化的统领下,应优先重视技术文化和职业文化。

二、职业本科育人文化的逻辑向度

通过上述辨析,职业本科与普通本科的本质差异在于:职业本科遵循的是劳动和技术的复杂性提升后的新工作场域逻辑,而普通本科遵循的是本质上属于传统的学术性和理论性的学科体系逻辑。[①] 因此,虽然职业本科的育人文化与普通本科具有共性部分,但在育人逻辑上依然有着方向选择和深度的区分。

(一)精神文化向度:思想品德与工匠精神

新时代职业本科要立足于中华优秀传统文化和当代特色社会主义文化,占领中国特色社会主义意识形态高地,以精神文化鼓舞人、熏陶人、培养人。[②] 一方面,精神文化是高等教育首要的共性文化,在深层次上涵盖学校治理理念、人文精神、民族精神和时代精神。职业本科精神文化对学生具有潜移默化的思想浸润和精神塑造功能,从根本上决定所培养人才的精神品质、理念意识和道德行为等思想品德,让学生建构积极的精神家园。另一方面,新时代中国制造业进入转型升级谋求高质量发展的新阶段,职业本科教育的诞生,既呼应了这种时代变革,也承担着培养更多大国工匠的时代使命,其精神文化更多地指向精益求精的工匠精神、吃苦耐劳的劳动精神和奋勇争先的劳模精神。因此,职业本科的精神文化重点在于思想品德与工匠精神两个向度。

[①] 张明广,茹宁,丁凤娟.本科层次职业教育发展的实践逻辑[J].职业技术教育,2020,41(30):16-19.
[②] 吴琼.新时代高校文化育人的内涵解析[J].高校辅导员,2020(5):13-17.

（二）技术文化向度：科技素养与研用能力

我国职业技术教育的概念有一个不断完善的过程，20世纪90年代国家会议和文件普遍提出"职业教育"，最近几年高层文件更多地使用"职业技术教育"的表述，这说明国家已高度重视职业教育的技术化和专业化发展，并推动本科层次职业技术教育试点，以适应现代科技发展的潮流和趋势。目前，职业本科和高职专科都定位在技术技能人才培养上，但有着"高层次"和"高素质"之别，高层次应当体现在先进科技和复杂技术的应用理解、应用实现和应用研发方面的能力素质。职业本科将来的发展方向更加倾向于服务高端产业和产业高端，培养更倾向于"技术"的创新型应用人才，技术文化为此提供了文化驱动力。因此，相比高职专科，职业本科要更加注重培养学生一定的理论修养和创新素质，技术文化重点在于科技素养与研用能力两个向度。

（三）职业文化向度：职业素质与职业忠诚

职业技术教育的两大主体是"职业教育"和"技术教育"，职业教育的价值定位要聚焦在职业文化取向上，在技术教育基础上实施职业文化涵养教育，培养学生岗位胜任、爱岗敬业、团结协作、吃苦耐劳、责任意识、纪律意识等职业素质。其中，职业本科教育"高层次"技术人才的培养定位，需要培养学生适应重要岗位和复杂技术岗位的胜任力这一重要职业素质。同时，我国制造业的高质量发展，离不开相对稳定的人力资源支撑，而当前制造业面临比较严重的"用工荒"和高频人员流动的问题，究其文化上的本质在于新一代产业工人职业忠诚度的缺失。因此，职业本科教育的职业文化重点在于职业素质与职业忠诚两个向度。

（四）创新文化向度：创新意识与革新能力培育

普通本科教育秉承传统学科育人体系，突出学科性、学术性、创造性，因此学科文化是普通职业本科的重要育人文化之一。普通本科文化育人体现在利用学科文化培养学生的科学思维、学术修养和创新能力。研究型职业本科创新是建立在学科基础上的理论创新和科学创新；应用型本科职业本科是建立在学科基础上的技术创新和应用创新,而职业本科技术创新是建立在专业基础上的技术革新和应用创新。技术革新和技术创新仅有一字之差,宏观上前者属于后者的一部分,微观上前者基于原有技术基础上的先进改进,多指技术研发与应用开发,而后者是基于理论原理的发明和创造。因此,根据职业本科教育人才培养定位,创新文化重点在于创新意识与革新能力两个向度。

(五)地域文化向度:本土意识与服务意识

地域文化是职业本科育人文化的重要组成部分,也是其校园文化的重要特色,有利于培养学生本土意识和热爱家乡、服务家乡建设的热情。职业本科院校在高职专科发展阶段一般都具有面向区域办学的总体服务定位,其就业评估的一项重要指标就是"本地就业率",地域文化在人才培养中的重要性应当引起足够的重视。升格后的职业本科院校依然是根植地方办学,生源也是本地居多,需要其培养的人才留得下、用得住和待得久,才能真正发挥服务区域经济发展的功能定位。因此,职业本科教育应重视地域文化建设,将本土意识与服务意识培育作为其地域文化的首要向度。

三、"四元融合,五化同步"职业本科育人文化体系的构建

文化是人类创造的文明结晶,文化育人的对象也是人,职业本科文化育人应当以构建符合学生全面发展的育人文化为起点。从这个意义上讲,职业本科文化育人的核心任务就是充分发挥育人文化载体作用,培养学生良好的思想品质、正确的价值观念、过硬的综合素养。职业本科教育根据其育人文化内涵的五个层面和逻辑向度构建育人文化体系并制定相应的实施策略。以河北科技工程职业技术大学"四元融合,五化同步"育人文化体系的构建为例,"四元融合"指传统先行、军队立校、校企合作、守敬科坊,取自该校在军队办学和高职办学的历史积淀中构建的传统文化、军队文化、企业文化、守敬文化的核心内容。"五化同步"是在论述育人文化内涵的五个层面和逻辑向度基础上进一步提炼的构建策略,均具有普适性。

（一）精神文化体系建设

精神文化是培养学生思想意识、精神品质和道德修养的重要文化载体。职业本科院校要围绕立德树人根本任务，结合学校办学理念和办学宗旨，从传统文化、政治文化和校园文化三方面加强校园精神文化体系建设。一是挖掘传统文化的精神理念和人文精神，按照"讲好中国故事，传播好中国声音"的要求，讲清民族文化特色、民族精神追求、传统文化优势、中国特色社会主义的中华文化基因。二是结合职业本科思想政治教育抓好政治文化建设，以新时代中国特色社会主义特色文化为载体，有机结合到思想政治理论课程、结合到育人环境建设、结合到第二课堂活动中，系统培养学生政治思想觉悟和社会主义核心价值观。三是总结凝练学校精神、理念文化、制度文化、特色文化，并结合未来发展丰富学校精神文化内涵，培育精神文化价值体系，形成浓厚的大学精神和大学文化氛围，潜移默化地熏陶感染全校师生。

（二）技术文化体系建设

职业本科院校应当提高对技术文化本质的认识，形成职业本科教育技术文化观，并从文化基本形态入手，构建技术精神文化、技术制度文化、技术物质文化三种育人文化内容和载体。一是结合职业本科具体专业教育挖掘其独有技术文化内涵和内容，有条件的学校可以建立技术文化通识教育教材、教学资源库、体验场馆，提高教师技术教育水平和技术文化修养，将技术文化深度融入课堂教学和实践教学全过程，形成完善的技术文化教育教学体系。二是职业本科的技术文化建设要追踪相关行业的技术前沿，通过新技术的引进、使用和知识传播，形成直观而又潜移默化的技术文化教育氛围。在实训工厂、科研项目、情景教学的建设上加大投入，开展技术文化展览、讲座、沙龙活动，同时在环境文化建设中强化新技术的文化元素的彰显。三是技术文化的建设离不开企业行业的参与，通过产教融合的深入开展构建校企技术共同体，搭建合作共赢的技术人才培养、应用技术研发与服务平台，共享技术资源和技术人才，将技术文化与企业文化有机结合，培养学生综合科技文化素养和技术研用能力。

（三）职业文化体系建设

职业文化与企业文化、行业文化深度关联，体现工作场域的文化内涵。因此，职业本科院校职业文化育人的重点是职业文化涵养教育。一是通过产教融合、校企合作协同育人形成的独特职业文化，实现培养学生快速胜任工作岗位的重要途径。职业本科院校应不断深化校企合作水平，企业行业充分参与人才培养方案制订、专业课程建设和实训基地建设，引入企业文化中的职业价值观念、思维方式，吸收借鉴有关职业道德、职业精神、职业纪律和职业礼仪等职业文化，培养学生职业意识、职场文化和工匠文化，使其能够岗位胜任、德技兼备。二是按照职业化的要求，建设职业素质基础教育体系，从职业文化和职业素质培养角度开发职业文化教育课程、培养"双师型"教师和实践指导教师职业文化素养与职业素质、建设实训基地职业文化氛围，熏陶学生职业文化。三是引进企业技术骨干、能工巧匠、技术大师开设职业大讲堂和大师工作室，指导实践课程、开展职业技能赛事等，培养学生团结协作、吃苦耐劳、责任意识、纪律意识等职业素质和诚实守信、爱岗敬业的职业忠诚度。

（四）创新文化体系建设

职业本科教育的技术创新是建立在专业基础上的技术革新和应用创新，因此职业本科创新文化与技术文化具有相互影响和融合的关系，育人重点在于技术创新意识与技术革新能力培养。一是职业本科院校作为试点院校，要把技术创新作为彰显职业技术教育层次提升的一个重要文化特征，将科技价值观作为技术创新文化建设的核心，从技术创新制度建设入手，引导学校技术创新群体技术价值取向，营造技术创新文化环境氛围，逐步积淀形成独具特色的技术创新文化体系和氛围。二是完善学校、企事业单位和科研院所之间协同创新体系，形成相互尊重、相互包容、相互欣赏和相互支持的技术创新文化氛围。三是结合技术文化建设，充分融入创新文化的理念、内容和各种载体资源，建立师生协同创新机制和合作研发平台，形成技术创新育人文化体系，着力培养技术创新人才孵化新技术，主攻企业生产一线技术难题。四是从创新群体建设角度，避免重学术轻应用的科研绩效评价和职称评定标准,培养"双师"型教师的技术研发和应用开发能力,鼓励师生创新创业,创新容忍失败,开展守敬文化教育和传播。

(五)地域文化体系建设

职业本科院校的地域文化源于特定的城市文化地域的历史文化、人文精神,具有促进地域文化发展的自主意识和行动使命。一是明确立足地方、服务区域的办学定位,推动地域文化和大学文化的融合发展,汲取地域文化的优质元素滋养地方大学文化,以形成富有地域特色的地方大学文化,并在传承地域文化的基础上能够引领地域文化发展,将地域文化的经济社会价值和育人价值充分发挥。二是紧密结合地方主导产业和文化产业开设相应的专业或课程,将地域文化融入教育教学全过程,并举办专题地域文化讲座和主题文化活动。三是充分利用地域文化有形和无形资源,开展红色教育社会实践活动。在师生进行设计和产品开发过程中,充分融入红色地域文化元素,创新产品文化的地域文化形态。

文化育人是培养当代大学生文化自信的必然途径,具有优化校风学风、培育大学精神、涵育师生品行、引领社会风尚的价值功能,是一个比较宏大的教育命题,其内容、载体和手段都十分丰富和宽泛。这就要求不同类型和层次的职业本科在实施文化育人过程中,清晰地把握适合自身教育定位的育人文化内核。职业本科教育作为一种新的高等教育类型,目前处于试点发展阶段,教育理论和实践探索有待进一步成熟和完善,其育人文化需要放在高等教育大环境下和自身发展定位基础上进行符合自身教育特征的理论内涵和逻辑向度的构建。

第九章

面向未来的职业本科教育博雅取向

本章概要：

　　自阶级社会以来，博雅教育与职业教育的"二元"争论历久弥新，两者地位孰轻孰重始终是学术界讨论的焦点。现代职业本科教育的创设为调和两者提供了新的视角，在重视"专业"的同时，兼顾了"博雅"。职业本科教育博雅取向是融通"好的"与"有用的"的新路径，也是打破对职业教育"操手教育"狭隘认知的新手段。其现实路径可参考从溯本清源的观念消解、制度建构的层次设计、重塑理念的培养体系、实践落地的课程设置四方面入手来实现职业本科教育的博雅取向，以此培养完整和完善的人。

　　经济高质量发展要求的转变亟待大量高素质技能型人才予以支撑，从而带来人才综合素质要求的不断提升。自阶级社会以来，博雅教育与职业教育处于"二元"对立的争论之中，由此而衍生出普通教育"高高在上"的姿态和对职业教育的"鄙视"[1]，职业教育也因此被视为剥离博雅而成为"手工"教育的专属。步入新时代，对技术技能型人才的需求呼唤现代职业教育体系的更新，职业教育亟待突破现有体系而适应新时代的发展需求。至此，职业本科教育始立。然职业本科教育固属职业教育一环，其既不可丢失职业教育类型特征又需兼具本科站位的高度。受职业教育培养"专技型"人才的固执观念的影响，职业本科教育亟须厘清教育发展定位，肃清职业本科教育人才培养方向，进而打破世人对职业教育"操手教育"的认知。

一、博雅教育的历史考究

　　博雅教育英文名译为"liberal education"，是现代兴起的教育理念，亦称自由教育，倡导大学要培养懂人文、社会、科学等兼具精神自由的思辨人才[2]。美国

---

[1] 路宝利.中国共产党百年职业教育的基本逻辑：完整职业教育[J].滁州职业技术学院学报,2021,20(3):3.

[2] 陈静.高职院校开展博雅教育的必要性与实施建议[J].福建教育学院学报,2015,16(4):63-66.

州立学院与大学协会对它的定义是:"博雅教育是增强个人素质并使其拥有处理复杂、多元性与变易性事物的一种能力,旨在帮助学生提高社会责任意识,拥有鉴赏美、发现美、创造美的智慧。"①

(一) 古代博雅教育的缘起

古希腊是西方百家争鸣的时代,诞生的诸多哲学思想至今流传,亦是开启西方文明的源头之泉。博雅教育由亚里士多德率先提出,最早见其著作《政治学》。他将古希腊受教育民众分为上下层两级,一类是接受上层教育培养德性情操的"自由教育",这种教育是培养"自由人"的,是以实现个人身心协调发展为目的的高尚教育;另一类是面向下层民众培养谋生本领的"职业教育",是使目标群体获得生存技能的一种教育,这种教育是奴役和"不道德"的。由此得知,博雅教育最早称之为自由教育,发轫于古希腊亚里士多德之先哲思想。从其著作描述来看,自由教育的核心目的在于通过博雅课程之学达成理性与德性的统一,使人成为完整和完善的人。事物的发展是不断延展和变化的。自亚里士多德创生自由教育以来,伴随不同历史时期以及人类社会的不断发展,其内涵、概念、形式等都随之发生着深刻的变化②。

中世纪时期,神学占据古希腊的整个社会系统并处于统治地位,受亚里士多德"自由民"的思想,阿奎那建立了以神学为最终归宿的自由教育思想,这个时期的"自由教育"不再是培养完整和完善的人,而是通过神学教育让世人摆脱欲望与信奉基督达成虔徒③。但以神学为核心的教会教育过度圈禁了人的天性,束缚了人的自由,禁锢了人的精神。为打破这种禁欲,以莎士比亚为代表的哲学先驱开启了文艺复兴运动,号召解放人的精神与自由,重新唤醒人性的光辉。在文艺复兴运动的洗礼下,经过百余年宗教神学控制的自由教育又重新转换到亚里士多德时代的"自由民"教育,倡导学习古代哲学、技艺、文辞、诗歌等,使人成为

---

① 张滇波.践习与能力——古典博雅教育思想及其现代启示[J].佳木斯职业学院学报,2022,38(4):128-130.
② 袁广林.自由教育的旨趣、流变与现代价值[J].现代教育管理,2016(4):1-7.
③ 席新.自由教育的历史演变及当代特征[J].河南职业技术师范学院学报(职业教育版),2005(6):62-64.

完整和完善的人。但这场文艺复兴过于"返古",以至于将自由教育等同于复兴古典人文教育,逐渐演变为人文主义教育①。

(二)现代博雅教育的演变

工业革命以来,以学习古代文艺、哲学、诗歌等为代表的古典人文教育稍显逊色。随之而产生的科学技术的不断发展与广泛运用,使得人只会"欣赏美"而不会"创造美",落后于科技时代的人才需求,致使自然科学知识凌驾于古典人文知识之上,成为当时教育的主流培养方向。但过于注重人的技术性忽视人文性,使得人不得成"人",而沦为一种创造生产的"价值工具"。为找回人的价值"尊严",以英国教育家为代表的纽曼强调重唤古典自由主义精神,以文雅教育或绅士教育来培养人的理性。之后,博雅教育这一概念在英国占据主导理念并延存至19世纪。

至19世纪中后期,科技的进一步发展引起了各国的教育"焦虑",快出人才、培养技术型人才是彼时西欧等工业化国家的共识,博雅教育作为一种持久性的内隐性教育,其对受教育者的作用是持久的并不是一蹴而就的。加之彼时传授实用性知识诸如美国赠地学院的出现,进一步让专业技术教育成为各国共识。然而不少教育学者也深刻认识到此教育过于窄化了人的价值与发展性,纷纷提出要建设一种既可专攻技术又不忽视博雅的一种综合教育类型。至于此,自由教育逐渐演化为一种针对学生进行全面性的、广泛性的文化修养的"普通教育"或"通识教育"②。

由而观之,博雅教育经由古希腊亚里士多德首创以后,曾沦为中世纪宗教政权的"附庸"教育,之后再由彼时先进思想家倡导解放人性的自由而再度唤醒,主张培养"自由人"的"本性"。在历史过程中,其功能外延与概念内涵均发生了不少的变化。但究其本质,从亚里士多德提倡的培养上层人士陶冶情操的自由教育,直至现代演化为针对学生全面发展的"普通教育",其底蕴均离不开"培养完

---

① 袁广林.自由教育的旨趣、流变与现代价值[J].现代教育管理,2016(4):1-7.
② 席新.自由教育的历史演变及当代特征[J].河南职业技术师范学院学报(职业教育版),2005(6):62-64.

整和完善的人"这一条主线。那便是给予受教育者德性,囊括多种教育知识,其功能定位不应是针对谋生这一基本需求而教育之,而应以陶冶生活而教育之,将人的理性、尊严、完善作为自由教育的第一要义。

（三）职业教育博雅取向的价值回归

"博雅取向"与博雅教育亦有不同,其是博雅教育与职业教育基于教育自身"同质性"但又"你中有我""我中有你"的状态[①]。传统职业教育单纯注重技能训练,"修身""发现美"等能力被忽视。当今时代是新时代亦是流变时代,各行各业变化发展迅速,终身性职业被打破,任何人都应具备职业转换的变迁能力。对于教育对象来讲,每个人的先天差异造就选择教育类型的不同,但追求"美"是众生之专属,亦是职业教育现代化进程中所必须"考虑"的。诚如徐国庆所言,职业教育步入本科时代后,首先要解决如何真正获得本科教育身份,获取本科教育内涵,职业本科教育的创设也是为了完善现代职业教育体系[②]。

二、博雅教育与职业教育的渊源

（一）"博雅教育"与"职业教育"的对峙起因

博雅教育自古希腊起就被倡导是一种相对于职业技术训练的教育类型,与作为"奴性教育"的职业教育"不相为谋",当时接受这两种教育的受教者也被划有等级差异。受亚里士多德教育"二元论"的影响,博雅教育与职业教育的"对峙"愈演愈烈。博雅教育被视为普通公民的"正统"教育,这是不为任何目的的教育,是纯粹的教育;职业教育作为一种教给人谋生的专业教育,带有强烈的"功利性",是短期的和不注重人全面发展的教育,因而备受人"驳斥"。

博雅教育自被亚里士多德标榜"自由民"教育以来,渐而演变为是注重人内在精神的教育,它不带有一定目的性培养,而是为训练学生的学习兴趣去习得各

---

① 路宝利,陈玉玲.博雅取向:美国职业教育课程范式释读[J].职教论坛,2013(18):86-91.
② 徐国庆,王笙年.职业本科教育的性质及课程教学模式[J].教育研究,2022,43(7):104-113.

种教育,遂而达到理解"世间万物"的终极目的;反之,职业教育最初是面向"下等民"的,英译可为"Vocational Education",意为职业的教育,这是一种"功利性"教育,旨在掌握一门专业技术而获得一份"永恒"的技术活,因后续缺乏对教育不断追求的能力而被人所诟病。

(二)"博雅主导"与"职业主导"的办学博弈

从西方高等教育主流的教育导向来看,时常伴随着职业教育培养的人才缺乏"美"、博雅教育培养的人才"美"过溢的二元对立。本质而言,前者是以知识的应用为目的,将知识外显于人的当前生存之中,体现知识的外在价值;后者则是以知识的内隐为目标,将知识内化于人的长久发展之中,体现知识的内在价值[①]。

关于博雅教育与职业教育的"争辩",最"激烈"的要见诸大学的办学体系之中。近代英国学派的代表人物纽曼、赫胥黎等人的教育思想对英国大学办学理念产生了深远影响。在二人主流思想的引领下,英国大学人才培养意识到学生要想在激烈的社会竞争中谋得发展,须具备独到的审美和健康的体魄,因此课程多倾向于博雅课程之列。近代德国教育发展则以洪堡创建的柏林大学为首,洪堡指出"大学之道,一是在于知识的索取,二是在于个性与品德的修养",修养即修身养性,亦是个性品德发展的归宿[②],而要实现人的终极修养,专靠某一门的技术学习是无用的,亦是妄想的。近代以来的英国大学与德国柏林大学的培养体系,均不同程度彰显了博雅教育的意蕴,主张培养人才的"全通"而不是"专通"。

对比来看,职业教育思潮主导的办学体系有"先起后落"的意味。受 20 世纪初进步主义教育的影响,职业教育被视为是促进教育与国家和谐发展的工具,为当时社会工业化所引发的人才需求矛盾打开了解决思路。美国教育学家杜威更是从个人和社会的角度阐述了职业教育的价值意义,提出职业能够使个人才能

---

① 李海萍,上官剑.自由教育、职业教育与通识教育——西方高等教育思潮谱系溯源[J].教育研究,2017,38(9):132-139.

② 陈洪捷.什么是洪堡的大学思想?[J].中国大学教学,2003(6):24-26.

与社会发展获得绝对平衡,而实现这种平衡,职业教育便是最佳的解决途径①。从近代英国、德国、美国大学的培养理念和主导思潮来看,职业教育因过早地注重专业化而限制了人的"发散"学习,尽管在一定时期内为国家和社会发展所需化解了人才结构矛盾,但因其"不道德"的教育目标致使博雅教育取向在大学人才培养中口号重提,遂而形成如今之观念。博雅教育是偏向个人发展的,为个人本位服务多,职业教育相对阻滞了个人发展,注重社会需求多。

1927年,美国耶鲁大学针对国内高等教育实用课程与文雅课程的比例严重失衡且高等院校多培养实用性人才的现状,认为毕业生在接受高等教育后虽具备应用型的职业技能,但同时却失去了渊博的基础知识,因此极力倡导要改弦更张,并在翌年发表著名的《耶鲁报告》②。《耶鲁报告》的问世将美国高等教育人才培养目标再次提升到培养"高尚的"人和"自由的"人身上。哈佛大学校长劳威尔更是说道"大学应培养智力上全面发展的人,而不是某一专业性的'瘸腿'专家",将教育提上了一个新的高度层次。

(三)"博雅教育"与"职业教育"的调和基点

教育作为一个"生态系统",其"生物圈"必定是内含多样化的。任何一种生物本应只有差异之别不含高低贵贱之分,任何一种教育存在即合理。工业化的脚步不可阻挡,经济的发展亦离不开当下的人才支撑,这也让大学人才培养意识到专注博雅抑或注重职业都是不可获取且有失"行为"的,遂而引发拓宽博雅教育意义和深层次内涵的改革,旨在使得大学教育能培养出双重人才,即既是专业人员又是有教养的人才③。

博雅教育与职业教育隶属于一个教育体系,自古希腊时期亚里士多德标榜教育分为面向上层人士和提供给底层人民后,博雅教育与职业教育的分离与纠合状态时常"纠缠不清"。在工业化浪潮不可阻挡和经济要发展的势头下,专

---

① 杨修平.欧美新教育运动中的职业教育思想研究——兼论构建现代职教体系的理据与启示[J].广西社会科学,2016(4):208-212.
② 工定华.《耶鲁报告》及其在美国博雅教育中的影响[J].辽宁高等教育研究,1995(5):100-102+114.
③ 崔庆玲,刘常云.大学教育目的与应用型人才培养[J].纺织教育,2008(1):12-14+32.

性人才必不可少也更加需要,甚至还需要一定数量的专业性人才。作为短时间难以转换人才培养成果的博雅教育而言,其培养体系与工业化时代人才要求并不适配,也无法提供可支持的专业性人才,遂职业教育被"抬上"层面以应对人才急需之策。工业社会以来,职业教育在缓解社会工业化与人才之需的矛盾上发挥了重要作用,使得这种"急需"解决矛盾得以"降温",继而给人们带来了新的思考,即义无反顾地培养专业性人才以应对工业化与人力储备之间矛盾是否符合人的发展"道德"。这似乎无异于跟机器一般,使得不少教育思想家开始反思和批判这种大学的培养体系,主张教育要回归理性,返回到培养博雅人才的层次之上,号召教育要注重培养人的发展性。

博雅教育与职业教育孰轻孰重的"争议"历经多次"换位",总体而言,博雅教育略胜于职业教育一筹,其以标榜人的全面发展和终身受益而位居职业教育"短期功利"培养之上,遂常以"高高在上"的姿态对职业教育嗤之以鼻。面对专业人才不可或缺的趋势,一种兼顾人文素养和职业课程的通识教育率先在美国博德学院提出[①],旨在舒缓博雅教育与职业教育"二元"对立的分割情绪。但博雅教育与职业教育孰轻孰重的问题并无直言,而是转化于一种新的价值取向。

三、职业本科教育博雅取向的内涵定义

职业本科教育的层次与定位决定着实施博雅取向有着"天时"与"人和"之便,职业本科教育无疑可提升技术技能型人才的培养层次,而如何在保证其人才的技术层次提升后兼顾到"修心",职业本科教育博雅取向可谓是一味"良药"。它在推动职业教育高质量发展的同时,更是把培养全面发展的人的理念再次凸显。剖析职业本科教育博雅取向的背后内涵,我们可从职业教育"自身"和"他者"等角度分析其现实意蕴。

---

① 罗伯特·M·赫钦斯.美国高等教育[M].汪利兵,译.杭州:浙江教育出版社,2001.

(一) 职业本科教育博雅取向的"回归"之道

纽曼的著作《大学的理想》中讲到"有用的并不一定是好的,但好的一定是有用的",可谓是将自由教育推上了崇高地位,并深刻影响了英国高等教育的办学指向。时至如今,"有用的"与"好的"二者之间其实并无绝对性矛盾,纽曼也从未反对专业技能在大学教育中的重要性。"自由知识"加强专业技能训练是为学生打下谋生之手段的关键举措,专业技能也不可缺少"自由知识","自由知识"反过来会更促进专业技能在未来的发展,让学生在"好的"与"有用的"之间"游离",但最终兼备。传统职业教育被视为培养一种简单且重复性技能的教育类型,其虽具备理论知识但依然是为技能知识"服务"。职业本科教育始建,除提升职业教育吸引力与满足现今产业升级对技能型人才的需求,也应关注到其主体即接受职业教育的学生。职业本科教育博雅取向要超越以往局限职业岗位需求进行人才培养的概念,在培养学生掌握扎实的实践能力时引导其树立职业理想、工匠精神[1],而不是只注重操作技能。英国学者罗伯特也曾感叹:"如果诺贝尔奖在中国古代已设立,各项奖金的得主就会毫无争议地全部属于中国人。"显而易见,中国古代手工技术是多么的杰出璀璨[2]。职业本科教育创设意在提升职业教育层次,职业本科教育博雅取向亦是让"匠人"传统"回归"职业教育之前基,既可在课内培养学生的"匠人"精神,亦可在校外呼唤重视"匠人"之氛围。

(二) 推进职业教育高质量发展的内生力之源

职业教育高质量发展理应是构建高质量教育体系的重要一环,发展职业本科教育更是推动职业教育高质量发展的关键要素。截至2021年底,教育部已分批批准建设32所职业本科院校[3],标志着职业本科教育进入稳步发展阶段,打

---

[1] 徐国庆,王笙年. 职业本科教育的性质及课程教学模式[J]. 教育研究,2022,43(7):104-113.
[2] 路宝利. 回归传统:中国职业教育"再现代化"进路[J]. 中国职业技术教育,2017(8):71-79.
[3] 江春华. 高质量发展职业本科教育的内涵要义、治理价值与实践进路[J]. 中国职业技术教育,2022(25):57-61.

破了职业教育专科层次的"天花板"。职业本科教育的建立解决了技术技能型人才有"材"却无学历的尴尬处境。职业本科教育除了应解决技能型人才学历不足的问题外,更应考虑到技能型人才的未来发展,使其具备实操与应对未来职业转换的双重能力,这也是职业本科教育建立的真正内涵。职业本科教育的建立,补齐了教育生态系统中的职业教育弱环,为职业教育"本、硕、博"一体化奠定了制度基础。若职业本科教育依然"专攻"学生的专业性,则会演变成学生的进修通道。因此,职业本科教育博雅取向可一定程度上打破世人对职业教育培养"操手"的狭隘认知,这也是职业教育培养全面发展的人的重要机遇,人才培养的高质量最终将转化为职业教育高质量发展的源动力。

(三)构建现代职业教育体系的应然之义

现代职业教育体系是指在外部层面应适应经济社会发展,内部层面要迎合自身发展趋势和规律的教育体系[1]。2019年,国务院印发的《国家职业教育改革实施方案》提出"开展本科层次职业教育试点",为完善职业教育体系落实了关键的一环。现代化的职业教育体系必然不局限于专科层次,甚至应突破本科层次,探索硕士、博士层次的教育。当前,我国经济正步入高质量发展阶段,产业结构转型不断升级、科技应用领域不断扩大,芯片半导体等新兴产业对技能型人才的需求更加强烈,职业本科教育的建立旨在打破"尖端型"人才需求供给不足的矛盾。新兴产业的快速发展引发对技能型人才的变革需求,已不仅局限于技术攻关,而要求人才拥有跨领域的转换能力和前瞻视野。博雅教育注重人的全面发展性,而不仅仅是为了从事某一门职业做准备,旨在培养学生的批判式思维和知识迁移能力,以便于学生在日后离开学校拥有适应社会、继续成长的应变能力[2]。这与新发展背景下对技术技能型人才的需求相匹配,迎合了人才发展之所需。职业本科教育在于强化人才培养的技术技能,但一味追求学生的"实操技术"只会将学生培养成为"机器工人",使得职业本科教育沦为学生实操提升的

---

[1] 马廷奇,陈辉. 现代职业教育体系建设与职业教育高质量发展[J]. 职业技术教育,2022,43(21):7-12.
[2] Jonathan Becker,岳玉庆,嬴莉华. 博雅教育的内容[J]. 开放时代,2005(3):23-34.

"加工场",无法锻炼其思维能力和促进其全面发展,职业本科教育的层次性亦然丢失。职业本科教育博雅取向可深化职业教育的本科层次属性,使人才培养关注到本科层次的属性内涵,推动现代职业教育体系的完善进程。

(四)破除职业教育培养"操手"的观念之固

2019年,《国家职业教育改革实施方案》指出"职业教育与普通教育是两种不同的教育类型,具有同等重要地位",确立了职业教育"类型教育"的定位准则。回顾教育史的相关研究,职业教育从未与博雅教育、科学教育、人文教育等按照同等类型对待[1],根源在于社会对职业教育"操手教育"的认知观念未消除。孔子历来主张完整人格的教育观念,提倡通过教育来培养士、君子和成人,并视教育的终极目的就是培养有德有才的可从政的贤才[2]。受儒家"君子不器""学而优则仕"等思想的长久影响,普通教育培养普适的社会人被人们认为是真正适合社会乃至自身发展需要的,职业教育作为面向特定职业的教育类型历来不受待见。改革开放以来,我国制造业发展迅速并成为制造业第一大国,推动了我国经济建设的快速发展。职业教育在彼时发挥了巨大的关键作用,为制造业市场输送了大批人力资源,这也使得职业教育"操手教育"的观念进一步加深。职业本科教育的建立为提升技术技能型人才的素质开辟了道路,这也需要明确技术技能型人才"素质"的范围界定。20世纪90年代,我国提出了科教兴国的战略,教育被赋予了提高国民素质、培养跨世纪人才的重要责任[3]。职业本科教育博雅取向不失为提高技术技能型人才素质的最佳途径,它以培养全面发展的人为目标,可使教者不局限于某一职业的泥沼之中,让学生接受多方面的教育,最终消除大众对职业教育"操手"教育的狭隘认知。

---

[1] 路宝利. 职业教育应秉持博雅取向[J]. 江苏教育,2020(84):1.
[2] 杨晓萍,尹芳. 从孔子教育观看当今素质教育[J]. 西南师范大学学报(人文社会科学版),2002(5):91-95.
[3] "素质教育的概念、内涵及相关理论"课题组. 素质教育的概念、内涵及相关理论[J]. 教育研究,2006(2):3-10.

四、职业本科教育博雅取向的路径思考

(一)溯本清源:消除"自由"与"职业"的二元对立

现代社会,阶级对立已然消逝,但职业教育与博雅教育的对立未能完全消解,职业教育兼顾博雅被视为违背常理的客观认知,被认为是不可调和的一种矛盾。杜威在1916版《民主主义与教育》一书中针对传统意义的博雅教育与职业教育展开了批判,但二者却未调整"傲视"与"卑微"的姿态[①]。职业教育博雅取向是调和职业教育人才培养"操手"印象的重要旨向,职业本科教育的博雅取向,亦是使人才培养兼备本科层次与职业技能的底蕴所在。"自由"与"职业"的不可调和,缘起于西方亚里士多德认为的所谓自由必须免于实用,且当时世人皆以远离实用为高贵指向[②]。近代职业教育以标榜谋生为导向,以实用知识与技能为核心,受古代文化理念的圈禁,"要实用不能自由,要自由需切除实用"藏于人心,给职业教育博雅取向带来了理念转向的困难。亚里士多德曾言,如果职业的目的是为实现自己的事业之完美,那么职业教育也是自由教育[③]。近年来"大国工匠""能工巧匠"等事迹表明职业教育不局限于低层次发展,甚至需通过职业教育这一通道才可练就"大国工匠",这与亚里士多德的理念并不相悖,亦可证明职业与自由是可融合的。转换到现实层面,可大力宣传"工匠精神""能工巧匠"的事例,以技能型社会构建为契机,打破职业教育不能"自由"的认知,引导职业本科教育坚持博雅取向。

(二)制度建构:呼唤"人性"与"理性"的协调发展

普通教育注重培养普适性人才,强调知识教学、人才培养不能"循规蹈矩",甚至号召突破现层次的知识圈禁,鼓励提出逾越前人的看法。职业教育以程序性知识为主,强调知识的严谨性、步骤性,受限于二者的知识要求,职业教育知识

[①] 路宝利.职业教育应秉持博雅取向[J].江苏教育,2020(84):1.
[②] 刘徐湘.现代大学教育与古典自由教育精神的回归[J].大学教育科学,2017(5):4-9+123.
[③] 张玉改.试论自由教育视野下的职业教育[J].职业教育研究,2017(1):22-26.

被认为是理性而不是道德的,随之带来的结果是职业教育培养的学生是理性主义者而不会"自由"思考。但工作知识理性的要求,并不代表职业教育的学生不会进行人性思考或不需要人性的关怀。首先,在国家层面,参照本科人才培养方案设计职业本科人才培养方案,要求各职业本科院校按照"通识教育与专业教育"相结合思路,在保证理性知识传授的同时提升学生的人文科学素养,合理设置专业教育与通识教育课程比例,使得通识教育贯穿职业本科阶段全过程。其次,在职业本科院校中,设置专门的通识教育选修课程供学生学习,并纳入学生毕业学分要求。同时院校也应加强对通识教育课程的重视程度,在授课、考评等环节严格把关,提升学生的人文素养。

(三)重塑理念:培养"博雅"与"专技"的复合人才

"博雅"既不是普通教育的专属,"专技"亦不是职业教育的唯一追求。诚然,职业教育自诞生之日就标榜以"就业谋生"为导向,遂以培养技术过硬的人才为骄傲。但职业教育只能二者取其一则是不公平的,不仅是对学生的不公平,亦是对职业教育本身的不公平。要打破这种狭隘认知,则需改变职业教育"操手教育"的观念,重塑职业教育培养人才的正确认知。首先,相关部门可迎合中共中央和国务院办公厅印发的《关于加强新时代高技能人才队伍建设的意见》(以下简称《意见》),营造社会重视技能、崇尚技能、爱好技能的良好氛围[①]。技术不等同于技能,需要的是更高级的知识储备和良好的综合素质。光懂操作不会"知识迁移"何谈以开发,何谈以创造。如果说懂技术可以成就一家车床公司、一件创新产品,那么会技能则是创造诸如 C919 国产飞机等国之重器成功研发奇迹的唯一途径,而这依赖的是技术技能型人才的不断钻研和攻坚刻苦,背后所需要的是职业教育高质量的人才培养。其次,国家和社会应重视和支持职业教育。《意见》中提到,到"十四五"末期,技能型人才的规模要不断壮大,技能型人才就业人员比例应达到30%以上,足以见技能型社会在不断推进。建设技能型人才社会离不开职业教育,更需要职业教育的人才培养兼顾"博雅"和重视"技能",如此方

---

① 庄西真.建设"技能友好型"社会[J].职教通讯,2022(10):1.

可造就"技精艺湛"的复合型人才。

(四)实践落地:采取"手段"与"课程"的双向结合

课程作为育人的载体,是关系人才培养质量的决定性因素。我国职业教育课程设置初期秉持的是以文化课与劳动生产为中心的理念[1],这种理念体系的初衷是为了同时照顾到专业训练和文化素养,旨在培养兼顾雅趣的技能人才。但随着技术的不断发展,国与国之间的竞争越发凸显,职业教育国际化发展不断加深,我国职业教育课程设置去"文化素养"趋势在逐步加剧,这在一定程度上为短时间内培养社会所需的"技能"员工发挥了重要作用,但却未能关注到技能人才的形成和发展。职业本科教育博雅取向的关键因素也在于课程如何落地。首先,课程结构要对通识课程与专业课程进行合理布局,按照"三七"或者"四六"原则进行合理划分。通识课程作为博雅教育落到实际层面的表现形式,以往职业院校通识课程大都是以选修课的形式开展[2]。为改变这种布局,职业本科院校应对课程体系进行"顶层规划",根据院校特色和专业特点提升通识课程的占有比例。其次,设置和实施共同的基础课程,实现通识课程与专业课程的融合发展。职业本科教育的初衷是为了提升技术技能型人才的实操同时不忽视人文素质,这就需要职业本科院校将有学科关联的通识和专业课程进行整合,形成共同的基础课程。学生在基础课程学习时可获得专业技能和人文素养的同时"熏陶",实现全面发展。

---

[1] 王龙,徐佳虹.基于核心技能素养培育的高职院校课程体系重构[J].高等职业教育探索,2022,21(4):11-17.
[2] 郭丽君,廖思敏.通专融合:本科层次职业教育发展的路径选择[J].职业技术教育,2022,43(16):59-64.

第十章

河北科技工程职业技术大学治理个案探索

本章概要：

河北科技工程职业技术大学作为首批河北省属公办本科层次职业院校，是由原邢台职业技术学院和华北电力大学科技学院合并转设而来，也在2021年获教育部批准成立。学校前身之一，原邢台职业技术学院是我国最早举办高等职业教育的院校之一，1991年率先承担全国高职教育试点任务，先后入选首批国家示范校、优质校、双职业本科建设序列，探索形成了享誉全国的职业教育"邢台模式"，全力书写了新时代职业教育"奋进之笔"，为河北省打造职业教育高地奠定了基础、树立了品牌，为全国职业教育高质量发展贡献了力量。2021年，河北科技工程职业技术大学再次承担起职业本科教育试点任务，致力于闯出一条职业本科教育特色发展之路。学校聚焦增强职业教育适应性，扎实推进职教本科建设，全面开启职业本科建设新征程。

一、加强党的建设，树牢初心使命

1. 党史学习教育注重实效

及时研究制定《关于开展党史学习教育的安排意见》，成立学习教育领导小组，做到把党史学习教育同学院党建"136"领航计划同部署同推进。"周一夜学"学党史，"红星团队"讲党史，"周末电影"看党史，"思政学堂"体验党史，确保学习教育起好步，开好局。依托剪纸大师工作室，组织师生以"一大红船""南昌起义"等多个主题，筹划设计了一套建党百年剪纸作品，党史学习教育推广效果良好。推进党员干部"五包五进"和第二课堂德育化改革，办好"党旗下的党史公开课"和"国旗下的思政公开课"等主题活动，将党史教育与学生德育教育有机结合，切实把党史教育纳入育人的各个环节，让青年学生从党的历史中汲取智慧和力量，努力成长为担当民族复兴大任的时代新人。

2. 思政课改革创新贡献全省

党委书记亲自担任马克思主义学院院长,组织开展思政课课程改革,探索出基于新媒体新技术的思想政治理论课"四种课堂"协同育人模式,为学生带来满满获得感。"基础课""概论课"两门课程获评省级职业院校在线精品课程,入选河北省首批职业本科思想政治理论课名师工作室。牵头成立河北省高职高专院校思政联盟,建成了全省首家思政课实践教学基地"思政学堂",探索形成了"校校联通、管理联动、教师联结、课程联建、责任联系"的思政课公办民办结对帮扶"五联"新模式,使全省优质思政课教学资源得到充分共建共享。

二、推进创新发展,助力人人出彩

1. "分流分类"人才培养模式深入推进

根据学生基础差异和企业多元化需求,确定技术创新型、技术应用型和高素质技能型三类人才培养定位,提供不同的发展培养路径,促进人人成才。进行课堂革命,运用四元教学设计方法,创新"任务链小步快进"教学模式,打造有效果、有效率、有吸引力的"3E"课堂。课改成果固化为"四元教学设计"培训项目,连续三年入选河北省职业院校教师国家级培训项目。该成果获得 2018 年河北省教学成果一等奖。加大以赛促教力度,师生在全国职业院校技能大赛、教学能力大赛、"互联网+"大赛中斩获 200 余个奖项,获奖总数连续 5 年位居全省同类院校首位、全国前列。

2. 产教融合协同育人不断深化

搭建高水平产教融合平台。学校与德国西门子、瑞士 ABB 等高端品牌企业合作,共建 13 个产教融合实训基地;牵头成立 4 个职教集团与职教联盟,携手行业领先企业共建 5 个产业学院和 1 个现代学徒制学院,打造校企协同发展的命运共同体。创新校企高端定制育人模式。我校汽车专业与十大汽车品牌合作,成为捷豹路虎、特斯拉等国际车企京津冀地区唯一合作院校。校企双方建立协同育人机制,将企业严苛的认证标准融入专业教学标准,联合实施课程开发、企业认证和学习评价,实现了产教高质深度融合。

3. 军民融合办学特色逐渐彰显

军队办学传统延续至今,学校服务军地的办学宗旨始终没变,着力发掘学校红色资源、传承红色基因,坚持军风育人,将军队文化、企业文化和守敬文化融入邢职血脉,形成了"党建引领、军风塑行、文化铸魂"的育人特色。服务军民融合国家战略,建立军政校企对接机制,牵头成立军民融合产学研协同发展联盟,获批河北省军民融合产学研用示范基地,建设邢台市首家退役军人培训基地,为退役军人就业创业提供一站式服务。学校凝练出的高职院校"军地贯通"人才培养模式改革与实践成果,获得2021年河北省教学成果特等奖。

三、服务区域发展,助力产业升级

1. 产学研共生态格局初步建成

近年来,学校积极对接河北省、邢台市支柱产业,以科技研发和技术培训为主,主动服务区域经济社会发展,建成13个省级科研创新平台、8个市级平台、引企入校建设14个研发机构,组建新能源汽车等14个科研创新团队。实施"设站进区"社会服务模式,建设了10个县域科技服务工作站,教师驻站服务,实现了对邢台区域内国家、省、市三级经济开发区(园区)100%、80%、70%的技术服务覆盖,有效解决技术服务"最后一公里"问题。学校科研团队为企业创造经济效益达上亿元,已成为区域技术创新的主干力量。

2. 科技扶贫攻坚成效凸显

学校与威县人民政府签署了全面战略合作协议,开展科技服务与技术培训等工作,助力企业技术升级,巩固脱贫攻坚成果。校企共建"河北省汽车内饰技术创新中心",年均派驻省级科技特派员等技术人员1 000人次,开展脱贫就业技能培训4 000人/天,技术帮扶50余家企业,提升企业技术创新能力。引导学生到威县就业创业,对接产品需求助力消费扶贫,签订《农校对接精准扶贫协议》,进一步巩固了扶贫攻坚成果。

四、适应时代需求,建设职业本科

1. 适应职业教育层次需求:创建支撑发展、引领改革的职业本科院校

学校将始终坚持党的领导,坚持职业教育类型定位不动摇,坚持立德树人,牢牢把握"培养适应数字化与智能化时代发展,解决较复杂技术问题、进行较复杂操作的德智体美劳全面发展的高层次技术技能人才"这一人才定位,立足邢台、服务河北、辐射京津、面向军地高端装备制造业及生产性服务业,构建"以工为主,工、经、管、艺协调发展"的学科专业体系,深入推进育人方式、办学模式、管理体制、保障机制改革,将学校建设成为人才培养质量高、服务区域发展能力强、引领职教改革突出的职业本科院校。

2. 适应经济发展技能需求:确定"三坚持四提升"职业本科建设思路

职业本科人才定位的核心特征可以概括为"两个复杂、两个中高端",因此职业本科绝不是职业专科的加长版,也不是普通本科的应用版。在把握人才定位的基础上,学校确定了"三坚持四提升"的建设思路。"三坚持"是坚持产教融合的办学主线、坚持军民融合的办学特色、坚持服务地方的办学方向;"四提升"是人才培养向创新型提升、师资向"专家型双师"转型提升、科技服务向引领型转变提升、办学条件向一流职业本科学校提升,不断提高技能培养与经济社会发展的匹配度,切实做到"眼睛跟着市场转""脚步跟着社会走",成就更多"技能改变人生"的精彩故事。

3. 适应提质赋能质量需求:明晰"三个融合"职业本科建设路径

一是深化产教融合。紧盯产业链条、紧盯企业需求、紧盯社会急需、紧盯市场信号、紧盯政策框架、紧盯技术前沿,动态调整专业布局;聚焦高端产业和产业高端,携手区域龙头企业共建一批产业学院,传承、弘扬中国传统工匠精神,着力探索本科层次中国特色现代学徒制,构建校企协同育人体系,为党和国家培养能够适应5G、人工智能等新科技、新产业发展的高层次技术技能人才。

二是推进军民融合。与军工集团企业开展校企合作,新增一批军民融合特色专业,打造军民两用技术技能人才培养高地;依托军民融合产学研用示范基

地,聚焦军民两用技术开展军民融合项目研究,打造军地技术服务创新高地;依托军地产教联盟,建立"退役军人教育培训基地",开展退役军人就业创业培训,构建服务军地终身学习网络。

三是提升科教融合。对接科研院所和高水平大学,联结科技创新型企业,建设产学研用一体化的科技创新与成果转化基地,聚焦产业核心技术开展应用研究,重视产业关键技术的成果转化。深化三教改革,把科研项目融入教学项目,把科研活动融入教学活动,实现教学与科研共生共长。

参考文献

[1] 周建松.以"双高计划"引领高职教育高质量发展的思考[J].现代教育管理,2019,(9):91-95.

[2] 刘冬冬,顾秀林,崔钰婷.职业教育治理体系现代化:内涵阐释、多维价值与实现路径[J].职业技术教育,2021,42(19):52-58.

[3] 张磊,葛金国,吴玲.关于我国高校办学定位的研究[J].安徽工业大学学报(社会科学版),2008(1):150-152.

[4] 张克中.公共治理之道:埃莉诺·奥斯特罗姆理论述评[J].政治学研究,2009,(6):83-93.

[5] 杨成名.大学治理结构的比较与适应性选择[J].江西师范大学学报(哲学社会科学版),2013,46(1):117-122.

[6] 魏伟.适应性治理:新建职业本科院校治理模式的变革转型[J].邢台职业技术学院学报,2022,39(6):10-12+41.

[7] 鲍东杰,郑煜煊,吕婷.职业技术大学现代化治理体系研究[J].教育与职业,2023(4):28-35.

[8] 韩连权,檀祝平.我国高职院校治理体系现代化的内涵、困境与路径选择[J].职教论坛,2021,37(7):20-26.

[9] 刘晓,陆宇正.我国职业教育现代化:框架、困境与愿景[J].职业技术教育,2020,41(28):40-45.

[10] 潘海生,程欣.新时代职业教育产教融合治理体系和治理能力现代化的现实内涵和行动路径[J].中国职业技术教育,2021(12):68-74.

[11] 魏伟,加鹏飞,王傲冰.知识论视角下职业本科人才培养定位的内在逻辑与变革路径[J].中国职业技术教育,2023(16):82-88.

[12] 马东霄,鲍东杰,石爱民.基于智慧校园的"五纵五横五深向"内部质保体系

构建与实施[J].教育与职业,2020(5):46-50.

[13] 邓肖丽,谭永平,郑世珍.职业本科学生职业素质培养的逻辑起点、内涵及策略[J].教育与职业,2021(20):85-89.

[14] 徐小容,朱德全.倒逼到主动:职业教育质量治理对区域经济社会发展的适应性研究[J].职业技术教育,2018,39(10):47-52.

[15] 李贤彬,李蔚佳,鲍东杰.职业本科教育的发展历程和实践路径[J].教育与职业,2022(15):47-52.

[16] 王学东,马晓琨.职业本科高校人才培养定位与体系建设[J].教育与职业,2022(5):21-27.

[17] 王亚南.高职教育院校研究规范发展的实践困境及未来路向[J].中国职业技术教育,2019(1):83-88.

[18] 安培.增强职业教育适应性:思想溯源、实践变迁与推进策略[J].职业技术教育,2022,43(7):6-13.

[19] 马东霄.职业本科教育建设的基本内涵与行动框架[J].中国职业技术教育,2021(30):13-18.

[20] 李永生.有组织科研:高职院校发展新动能[N].中国教育报,2022-9-20:05.

[21] 吴学敏.开展本科层次职业教育"变"与"不变"的辩证思考[J].中国职业技术教育,2020(25):5-13.

[22] 刘彩琴.职业本科育人文化的内涵辨析、逻辑向度与体系构建[J].教育与职业,2022(7):55-60.

[23] 常桐善.如何提高大学决策绩效——院校研究与"数据驱动决策"模式的视角[J].复旦教育论坛,2013,11(2):54-60.

[24] 沈胜林.德国应用技术型大学治理:维度、特征及其启示[J].中国职业技术教育,2022(15):74-81.

[25] 教育部 财政部关于实施中国特色高水平高职学校和专业建设计划的意见[EB/OL].(2019-04-01)[2022-07-27].http://www.moe.gov.cn/srcsite/A07/moe_737/s3876_qt/201904/t20190402_376471.htm.

[26] 曹高丁,聂强.制度治理视域下高职院校内部治理体系现代化研究[J].中国职业技术教育,2022(1):43-47.

[27] 陈寿根.高职院校内部治理现代化的路径选择[J].职业技术教育,2021,42(21):32-36.

[28] 眭依凡.关于高校内部治理体系创新研究的框架性思考[J].华东师范大学学报(教育科学版),2020,38(12):21-32.

[29] 林伟连,伍醒,许为民.高校人才培养目标定位"同质化"的反思——兼论独立学院人才培养特色[J].中国高教研究,2006(5):40-42.

[30] 迈克尔·吉本斯,等.知识生产的新模式:当代社会科学与研究的动力学[M].陈洪捷,沈文钦,等译.北京:北京大学出版社,2011.

[31] 翟向阳.论高职教育突出高技能人才培养的目标定位[J].职教论坛,2005(16):17-20.

[32] 梁克东.职业本科教育的实践探索、发展瓶颈与推进策略[J].中国高教研究,2021(9):98-102.

[33] 宗诚.职业本科教育发展路径探析[J].高等工程教育研究,2022(6):141-145.

[34] 王亚南,贺艳芳.高职教育学位体系构建争议的学理澄明及路径抉择——双轨制抑或三轨制?[J].学位与研究生教育,2019(9):34-42.

[35] 田双喜,马跃如.大学生可雇佣性生成机理及其协同培养模式研究[J].湖南科技大学学报(社会科学版),2015,18(5):179-184.

[36] 贾莉莉.如何提高应用型本科人才的"适用性"[J].大学(研究版),2017(Z1):36-43.

[37] 杜维明.一个匠人的天命[J].资源再生,2016,(2):70-71.

[38] 陈鸣鸣.高职教师的专业发展阶段特点研究[J].教育学术月刊,2009(5):32-37.

[39] 涂向辉.本科层次高等职业教育培养目标及其内涵探析[J].中国职业技术教育,2012(27):15-20.

[40] 刘庆华,张诗佳,路建彩.职教本科教师专业发展标准的建构[J].邢台职业

技术学院学报,2021,38(3):1-4.

[41] 屈塬.教师发展:从本质预设走向行动生成[N].中国社会科学报,2022-06-24(4).

[42] 杨欣斌.职业本科教育人才培养模式的思考与探索[J].高等工程教育研究,2022(1):127-133.

[43] 王亚南,戚建飞.职业知识论视域下职业本科教育人才培养定位的实证研究[J].职教通讯,2022(1):21-29.

[44] 石伟平.提升职业院校教材质量的关键路径[J].教育研究,2020,41(3):18-22.

[45] 李政.职业本科教育办学的困境与突破[J].中国高教研究,2021(7):103-108.

[46] 国家教材委员会.健全教材管理制度 开创教材建设新局面(笔谈)[J].教育研究,2020,41(3):8.

[47] 郝志军.教材建设作为国家事权的政策意蕴[J].教育研究,2020,41(3):22-25.

[48] 徐晔."双向需求"分析框架下我国职业院校教材适应性发展探究[J].教育与职业,2021(22):63-68.

[49] 姜大源.职业教育:课程与教材辨[J].中国职业技术教育,2008(19):1+13.

[50] 段远源,冯婉玲.研究型大学教材建设相关问题思考[J].中国大学教学,2008(12):80-83.

[51] 魏伟,杜梦菲.职业本科专业教材建设的理论建构与实践探索[J].教育与职业,2022(13):76-83.

[52] 丁秋香.本科层次职业教育人才培养方案适切性研究——以教育部批准的试点院校为例[D].桂林:广西师范大学,2023.

[53] 杨燕.本科层次职业院校专业设置研究——以工业机器人专业为例[D].天津:天津职业技术师范大学,2022.

[54] 张杰.区域产业转型升级背景下职业本科试点院校专业建设研究——以N大学为个案[D].扬州:扬州大学,2023.

[55] 施浩.职业本科院校高质量人才培养模式构建研究[D].秦皇岛:河北科技

师范学院,2023.

[56] 喻超凤.德国本科层次职业教育人才培养模式研究——以巴登—符腾堡州为例[D].南昌:江西师范大学,2023.

[57] 窦芳."岗课赛证"融通的职业教育新形态教材开发逻辑与路径[J].中国职业技术教育,2022(26):65-71.

[58] 曹新锋,刘国华,白思然,等.本科层次职业学校教师发展:时代背景、现实困境与体系构建[J].邢台职业技术学院学报,2022,39(6):6-9.

[59] 翟希东.职业教育本科的内涵、特征及发展路径——基于对15所职业技术大学的分析[J].职业技术教育,2021,42(10):18-24.

[60] 弗洛里安·兹纳涅茨基.知识人的社会角色[M].郏斌祥,等译.南京:译林出版社,2000.

[61] 曾天山,荀莉,刘义国.职业教育和继续教育精品教材的共同特征与建设重点——基于首届国家优秀教材奖的情况分析[J].课程·教材·教法,2021,41(10):33-41.

[62] 赵喜文.论职业本科教育的课程建构原则[J].西北成人教育学院学报,2015(2):17-19.

[63] 石伟平,兰金林,刘笑天.类型化改革背景下本科层次职业教育发展的困境与出路[J].现代教育管理,2021(2):99-104.

[64] 王亚南.本科层次职业教育发展的价值审视、学理逻辑及制度建构[J].中国职业技术教育,2020(22):59-66.

[65] 鄢彩玲.本科层次职业教育的定位、内涵与发展策略——基于技术哲学视角的分析[J].职教论坛,2021,37(10):33-37.

[66] 尼科·斯特尔,达斯汀·沃斯.知识、知识技能和教育[J].北京大学教育评论,2020(3):130-144+191.

[67] 李辉.高等农业教育教材建设效率评价及优化研究[D].咸阳:西北农林科技大学,2010.

[68] 张文显.新时代高等学校教材的"中国特色"和"世界水平"[J].教育研究,2020,41(3):11-14.

[69] 尤咏.跨文化背景下"中文＋职业技能"国际推广基地的发展策略研究[J].职业技术教育,2021,42(32):77-80.

[70] 耿虎,马晨."一带一路""中文＋"教育发展探析[J].闽南师范大学学报(哲学社会科学版),2021,35(1):117-124.

[71] 高喜军."一带一路"背景下职业教育"走出去"路径探究[J].北京教育(高教),2022(8):19-23.

[72] 教育项目研究组.构建"中文＋职业技能"教育高质量发展新体系[J].中国职业技术教育,2021(12):119-123.

[73] 刘必旺,谈颖.高职院校"中文＋职业技能"境外办学实施路径研究[J].职业技术,2022,21(2):1-5.

[74] 孟源,商若凡."中文＋职业技能"教育:发展脉络、现实挑战与路径选择[J].中国职业技术教育,2022(29):28-33.

[75] 潘颖.互联网背景下"中文＋职业技能"导向高职对外汉语教学实践[J].办公自动化,2022,27(17):16-18+9.

[76] 黄路路."中文＋职业技能"背景下高水平高职院校国际汉语课程教学研究与实践[J].创新创业理论研究与实践,2022,5(16):11-13.

[77] 葛春颖."提质培优"背景下"中文＋职业技能"项目建设研究[J].电脑迷·教师研修,2022(2):52-53.

[78] 管宁.新时代马克思主义文化创新发展的新维度[J].东南学术,2018(6):1-9+246.

[79] 朱庆葆.以文化育人促进人的全面发展[J].中国高等教育,2012(17):1.

[80] 程刚.新时代高校文化育人途径探析[J].思想理论教育导刊,2018(10):136-139.

[81] 曾丽雅.关于建构中华民族当代精神文化的思考[J].江西社会科学,2002(10):83-88.

[82] 赵军,杨阳.创新文化的缘起、实践与演进——以中国科学院为例[J].中国科学院院刊,2021,36(2):208-215.

[83] 蔡亮,张策华.论新时代大学文化的创建途径[J].江苏高教,2019(12):138-141.

[84] 陈兴明,王静函.本科层次职业教育试点:意蕴、困境与对策[J].机械职业教育,2020(12):1-4.

[85] 张明广,茹宁,丁凤娟.本科层次职业教育发展的实践逻辑[J].职业技术教育,2020,41(30):16-19.

[86] 吴琼.新时代高校文化育人的内涵解析[J].高校辅导员,2020(5):13-17.

[87] 路宝利.中国共产党百年职业教育的基本逻辑:完整职业教育[J].滁州职业技术学院学报,2021,20(3):3.

[88] 陈静.高职院校开展博雅教育的必要性与实施建议[J].福建教育学院学报,2015,16(4):63-66.

[89] 张滇波.践习与能力——古典博雅教育思想及其现代启示[J].佳木斯职业学院学报,2022,38(4):128-130.

[90] 袁广林.自由教育的旨趣、流变与现代价值[J].现代教育管理,2016(4):1-7.

[91] 席新.自由教育的历史演变及当代特征[J].河南职业技术师范学院学报(职业教育版),2005(6):62-64.

[92] 路宝利,陈玉玲.博雅取向:美国职业教育课程范式释读[J].职教论坛,2013(18):86-91.

[93] 徐国庆,王笙年.职业本科教育的性质及课程教学模式[J].教育研究,2022,43(7):104-113.

[94] 李海萍,上官剑.自由教育、职业教育与通识教育——西方高等教育思潮谱系溯源[J].教育研究,2017,38(9):132-139.

[95] 陈洪捷.什么是洪堡的大学思想?[J].中国大学教学,2003,(6):24-26.

[96] 杨修平.欧美新教育运动中的职业教育思想研究——兼论构建现代职教体系的理据与启示[J].广西社会科学,2016(4):208-212.

[97] 王定华.《耶鲁报告》及其在美国博雅教育中的影响[J].辽宁高等教育研究,1995(5):100-102+114.

[98] 崔庆玲,刘常云.大学教育目的与应用型人才培养[J].纺织教育,2008(1):12-14+32.

[99] 罗伯特·M·赫钦斯.美国高等教育[M].汪利兵,译.杭州:浙江教育出版

社,2001.

[100] 路宝利.回归传统:中国职业教育"再现代化"进路[J].中国职业技术教育,2017(8):71-79.

[101] 江春华.高质量发展职业本科教育的内涵要义、治理价值与实践进路[J].中国职业技术教育,2022(25):57-61.

[102] 马廷奇,陈辉.现代职业教育体系建设与职业教育高质量发展[J].职业技术教育,2022,43(21):7-12.

[103] Jonathan Becker,岳玉庆,嬴莉华.博雅教育的内容[J].开放时代,2005(3):23-34.

[104] 路宝利.职业教育应秉持博雅取向[J].江苏教育,2020(84):1.

[105] 杨晓萍,尹芳.从孔子教育观看当今素质教育[J].西南师范大学学报(人文社会科学版),2002(5):91-95.

[106] "素质教育的概念、内涵及相关理论"课题组.素质教育的概念、内涵及相关理论[J].教育研究,2006(2):3-10.

[107] 刘徐湘.现代大学教育与古典自由教育精神的回归[J].大学教育科学,2017(5):4-9+123.

[108] 张玉改.试论自由教育视野下的职业教育[J].职业教育研究,2017(1):22-26.

[109] 庄西真.建设"技能友好型"社会[J].职教通讯,2022(10):1.

[110] 王龙,徐佳虹.基于核心技能素养培育的高职院校课程体系重构[J].高等职业教育探索,2022,21(4):11-17.

[111] 郭丽君,廖思敏.通专融合:本科层次职业教育发展的路径选择[J].职业技术教育,2022,43(16):59-64.

[112] 李正生,刘祥国.教育信息资源开发与共享中的知识产权保护思考[J].高教学刊,2015(5):10-11.

[113] 卢春,尉小荣,吴砥.教育信息化绩效评价研究综述[J].中国电化教育,2015(11):62-69.

[114] 戴晓娥.信息技术对课堂教学的影响[J].中国电化教育,2013(2):93-97.

[115] 钱丽华.农村小学数学教师教育信息化现状调查与对策思考——以浙中

金华地区为例[J].中国教育信息化,2016(6):63-67.

[116] 秦炜炜.加拿大高等教育信息化战略的多维透视[J].现代教育技术,2012,22(6):5-11+34.

[117] 唐丽娟.基于微课的教学资源开发研究[J].湖南大众传媒职业技术学院学报,2013,13(5):63-64+74.

[118] 汪基德,韩明秋.发达国家高等教育信息化的经验与启示[J].中国电化教育,2005(6):90-94.

[119] 王静茹,王冬梅.新型MOOC资源管理平台构建研究[J].现代情报,2015,35(11):152-155.

[120] 徐天伟,甘健侯,李金绪,等.基于e-Science的民族教育信息资源服务平台研究[J].现代教育技术,2012,22(1):107-109.

[121] 赵桂英,冯彦.信息技术在大学英语教学中的应用[J].情报科学,2012,30(6):911-913+918.

[122] 周敦.美国教育信息化的发展及对我国的启示[J].教育与职业,2019(14):164-166.

[123] 张旭华.Web2.0技术视域下教育信息资源传播创新模式探微[J].现代情报,2013,33(1):51-53.

[124] 赵国栋.关于中国、美国和日本高等教育信息化发展的比较研究:ACCS研究项目介绍[J].比较教育研究,2004(2):28-33.

[125] 覃志强.基于Eucalyptus云的教育信息资源平台的设计、开发[D].贵阳:广西师范大学,2015.

[126] 周杰.基于用户反馈的教育信息资源质量提升研究[D].武汉:华中师范大学,2014.

[127] GRANDGENETT N F. Perhaps a matter of imagination:TPACK in mathematics education [M]. Handbook of technological pedagogical content knowledge (TPCK) for educators,2014.

[128] JENNY G,KEN H,NEIL B,et al. Educational Resource Openness and Higher Education Change:Reflections from Practice [M]. Canada:

Commonwealth Learning, 2014.

[129] JOSEPH E ORN. The Future of Education: Educational Transformation in the Age of Artificial Intelligence [M]. Beijing: Machine Industry Press, 2019.

[130] RORY M, WANJIRA K, STEWART M, et al. Open Educational Resource Innovation, Research and Practice [M]. Canada: Common Wealth Learning and Athabasca University, 2014.

[131] BASHEV A V, KOZLOVSKY S V, SMIRNOVA L V, et al. Historical memory as a factor in the development of agriculture in Udmurtia [J]. IOP Conference Series: Earth and Environmental Science, 2022, 49(1): 12-19.

[132] BOVEN L R, RHOADS A, LOZANO J B. Virtual infinite classroom: Teaching practice of large-scale online open courses [J]. Internet and Higher Education, 2015, 15(24): 20-29.

[133] CHA C, XIU Z, DAI R, et al. Evaluation of Korean Students'ICT Ability [J]. Computer and Education, 2014, 56(4): 12-20.

[134] CHAN M K, MIN KYU K, CHIAJUNG L. The integration of teacher belief and technology [J]. Teaching and Teacher Education, 2015, 20 (29): 50-53.

[135] CHINMAYSHTHA S. Analysis and Research on Improving Teachers' Teaching Ability by Information Technology and Distance Education Training Program [J]. Journal of Research in Vocational Education, 2022, 14(2): 20-22.

[136] CHICHARAOEN P, JAITIP N S, SONGKRAM N. Teacher Training Process with a Teachers Network and Design-Based Approach to Enhance Teacher Competency in Educational Innovations and Information Technology [J]. International Journal of Information and Education Technology, 2015, 25(7): 201-205.

[137] DEANNE L H, SHELBY L C, SCOTT R D, et al. Application of technology-based teaching resources in diabetes education in multiple pharmacy colleges: evaluation of students' learning and satisfaction [J]. Current Situation of Pharmacy Teaching, 2012, 12(2): 59-63.

[138] EZENMA C B. Status of Information and Communication Technology Training and Support for Science and Technology Teacher Educators in Colleges of Education in Southeast, Nigeria [J]. Journal of Trend in Scientific Research and Development, 2019, 33(3): 19-29.

[139] FAHRUL R, HARUN C, BAHRUN Z. Fingerprint management information system to improve quality of lecturing services in teacher training and education faculty of Syiah Kuala University [J]. Journal of Physics: Conference Series, 2020, 14(6): 78-98.

[140] GONCHARENKO T. Information Technologies as the Tool of Efficiency Improving of Future Physics Teachers Training to Laboratory Session in optics [J]. Information Technologies in Education, 2017, 17(33): 33-37.

[141] HIGHLAND. The characteristics, controversy and thinking of MOOCs in American colleges and universities [J]. College Education Management, 2015, 9(3): 56-57.

[142] HIROYUKI A, JAMEE K, WONGYU L. Communication and Level: Influencing Factors School-level ICT Comprehensive Index [J]. Computer and Education, 2013, 60(1): 201-210.

[143] HUTKEMRI Z S. Mathematics Teacher Information Preparation and Communication Technology Application: A Comparative Study Between Malaysia and Indonesia [J]. Advanced Science Letters, 2017, 17(23): 2033-2037.

[144] JAMEE K, WON G L. An Analysis of Students' Educational Informatization Level, Teachers and Parents: In Korea [J]. Computer and Ed-

ucation, 2016, 56(3): 116-128.

[145] JOKE L M. The influence of teacher information literacy on lifelong learning and school effectiveness [J]. Eurasian Journal of Mathematics, Science and Technology Education, 2016, 12(6): 1653-1663.

[146] KUSNI I, AGUS P, DWI E W, et al. The Effect of Training, Information Technology, Intellectual and Emotional Intelligence on Teacher's Performance [J]. The Journal of Asian Finance, Economics and Business (JAFEB), 2020, 7(12): 20-25.

[147] LUCAS I R, MICHAEL A PR, ARISTOTLE U, et al. An AHP-based evaluation method for teacher training workshop on information and communication technology [J]. Evaluation and Program Planning, 2017, 17(63): 109-123.

[148] LIU Y, WANG L, HUANG Y, et al. Influence of information literacy on college students' achievement: The mediating role of learning engagement [J]. Modern Educational Technology, 2020, 30(6): 66-73.

[149] LIU C, TSAI C C, LIANG J C, et al. Relationships between university students' information literacy and their learning outcomes: A structural equation modeling analysis [J]. Computers & Education, 2018, 34(4): 36-43.

[150] MCCOMBES R, ROGULSKA S, TARASOVA O, et al. A Model of Foreign Language Teachers Training in the Information-Educational Environment of Higher Educational Institutions [J]. Information Technologies and Learning Tools, 2019, 72(14): 66-70.

[151] RADOISIUS D A. OERs and MOOCs—The Romanian Experience International Conference on Networking and Open Learning[J]. IEEE, 2014, 20(14): 1-5.

[152] RONALDO N L, LUIZ R D, SANTOS A. Education and Digital Information and Communication Technologies: A Theoretical/Practical Ex-

perience in Initial Teacher Training [J]. Cadernos de Educação Tecnologia e Sociedade, 2018, 11(2): 88-95.

[153] SAMERHANOVA E K. Formation of competences in the field of mathematical modeling among teachers of vocational training in the conditions of the information and educational environment of the university [J]. Vestnik of Minin University, 2019, 7(2): 38-47.

[154] SHULMAN L S. Those Who Understand: Knowledge Growth in Teaching [J]. Educational Researcher, 2016, 15(2): 4-14.

[155] SILVEIRA J, ÂNGELO L, PAULA B. Training of teachers of Physical Education and digital information and communication technologies (DICT)/media: a possible relationship? Analysis of the curricular proposals of the Brazilian Federal Universities [J]. Motrivivência, 2019, 31(57): 77-88.

[156] SOPRONI L, HORGA L. Global communication as a result of globalization and informatization [J]. National school of Political Studies and Public Administration, 2018, 20(18): 267-273.

[157] WAT A, BARACK M. Students' preferences and perceptions of learning in MOOCs [J]. Procedia-Social and Behavioral Sciences, 2014, 14 (152): 245-248.

[158] YEH Y, WU W, CHEN S, et al. The effectiveness of integrating mobile devices with inquiry-based learning on environmental education for college students [J]. Sustainability, 2019, 11(10): 2825.

[159] YEH H C, WANG C Y, LAI C L. Investigating college students' digital literacy and factors influencing their digital behaviors [J]. Educational Technology Research and Development, 2019, 67(5): 1201-1219.